日本文芸社

LED LIGHT ライト

室内栽培 基本BOOK

Introduction

LEDライトで室内栽培を始めよう!

観葉植物を楽しむという文化は、古代文明から現代に至るまでとても長い歴史を持ちます。

古代エジプトでは、紀元前2000年頃から豊かな庭園が造られました。古代ローマやギリシャでは、豪華な庭園が貴族の間で流行し、屋内外で植物が装飾的に使用されました。ルネサンス期に植物学が発展すると、多くの新種が導入され、観葉植物としての人気が一気に高まりました。19世紀、イギリスでは大規模な温室が造られるようになり、国内外の様々な植物が集められ、一般市民もこれらの植物を家庭で楽しむようになりました。20世紀に入ると、観葉植物はさらに一般家庭に普及し、現代では様々な種類の植物が世界中で愛好されるようになっています。

そんな長い歴史を持つ観葉植物ですが、室内栽培という点において、最近大きく変化しているのがLEDライトによる室内栽培です。

植物にとって、栽培環境における光量は、光合成を行うために重要なポイントです。耐陰性のある植物であれば、室内栽培もしやすいですが、多くの光量を必要とする植物の栽培は、基本的に屋外やハウスでの栽培が基本でした。それがLEDライトの登場で状況が変わってきているのです。LEDの技術発展と急速な普及によって、家庭用の植物育成用のライトが登場。それらの太陽光と似たスペクトルを持つLEDライトを使用すれば、これまで室内栽培を諦めていたような種類の植物や、そもそも光が足りない環境での植物栽培が可能になります。

本書では、そんなLED育成ライトによる栽培方法を紹介します。もちろん、LEDを導入すれば、誰でも簡単に植物栽培がうまくいくというわけではありません。また、その人の栽培環境や育成する植物の種類によっても、必要なライトの光量や植物とライトの距離などは変わってきます。本書ではすでにLEDライトによる室内栽培を楽しんでいる方たちに取材をしたうえで、それぞれの栽培方法を紹介しています。中には環境が似ていて、参考になるケースがあるかもしれません。

ぜひ、本書を参考に、LEDライトによる室内栽培に挑戦してみましょう。失敗も含め、理想の栽培へ試行錯誤することも植物育成の醍醐味です。

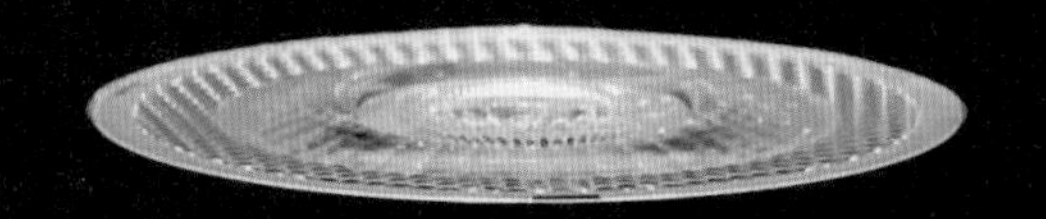

LEDライトで
美しく育つアガベ

十分な光を受けて育つ
コーデックスたち

LEDライト栽培なら
実生から現地球のように

Monsonia peniculina

Conophytum rugosum

Hydnophytum formicarum

Monsonia herrei

光量を補えるから
インテリアとして
もっと植物が楽しめる

Contents

Part 3

みんなのLED室内栽培スタイル〈湿地～中間系の植物編〉

Part 4

LED植物栽培ライト&便利アイテム

LED light indoor growing startup guide

LEDライト室内栽培スタートアップガイド

Part 1

これからLEDライトによる室内栽培を始めようとする方に向けて、必要なアイテムから、人工光による栽培の最先端事情まで、幅広く紹介します！

どんなタイプがある？植物育成ライトの種類

蛍光灯からLEDへ。植物育成ライトの変遷

植物の成長には、本来、太陽光と二酸化炭素による光合成が必要不可欠ですが、太陽が出ていないときや日が当たらない場所では、太陽光の代わりに照明を当てて光量不足を補う必要があります。そこで役立つのが、植物育成ライト。今でこそ、家庭内の電気も含め、私たちの身の回りにはLEDライトがあふれ、自宅の植物栽培用の光源としても、LEDが人気になってきました。しかし、もちろんLEDの登場で初めてライトによる植物栽培が始まったわけではありません。古くは白熱電球が栽培用に使われていました。ただ、白熱電球は暖色の光であるため、青色のスペクトルを含まない点で、植物育成には最適な光源とは言えませんでした。植物が光合成で使う光は、おもに赤色と青色の波長の光だからです。

LEDが植物育成ライトとして使われる以前、植物育成ライトの中心は、ハロゲンライト、HIDランプ、蛍光灯などでした。それぞれ太陽に近い光を出すことができますが、蛍光灯は寿命が短かったり、HIDランプやハロゲンライトは熱放射量が多かったりと、なかなか家庭で使用するには扱いが難しいライトでした。LEDの技術が発展し、植物育成に適した波長の光を効率的に提供することが可能になったことと、消費電力が少なく、発熱量も非常に少ないといった特性など、家庭での室内栽培に大きな可能性を広げたのがLEDライトだと言えるでしょう。

TYPE OF LIGHT 2

蛍光灯

蛍光灯は管内の水銀蒸気に電流を通し、紫外線を発生させ、その紫外線が管内の蛍光物質に当たることで可視光を発する照明装置です。LED ライトの実用化以前は、植物工場などで多く使われていました。ただ、寿命が短いのが欠点です。

TYPE OF LIGHT 1

LEDライト

植物育成用の光源として、現在主流となっているLED ライト。発光ダイオードを使用し、エネルギー効率が高く、長寿命であることが特徴。植物が必要とする光のスペクトルを提供できるとともに、特定のスペクトルを強調することも可能です。

TYPE OF LIGHT 3

ハロゲンライト

白熱電球と同じくフィラメントに電流を通して発光させるハロゲンライト。ガラス球内部にハロゲンガスが封入されており、フィラメントとの化学反応を利用して、効率と寿命を向上させています。発熱が多いため、扱いにくいのが欠点です。

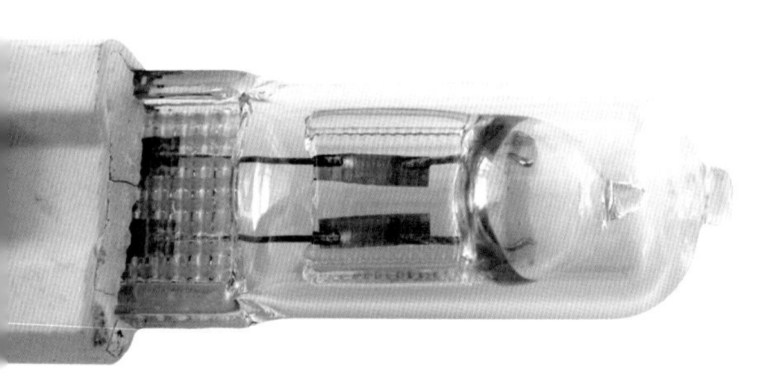

TYPE OF LIGHT 4

HIDランプ

電極間の放電を利用した高輝度放電ランプ。メタルハライドランプや高圧ナトリウムランプ、水銀ランプなどの種類があり、高効率で明るいため、スタジアムの照明としても使われています。ただ、高価で発熱が多く家庭での使用には向きません。

人工光だけを使って作物を量産する 植物工場とは?

完全に生育環境をコントロールできる植物工場

植物工場は自然の気象条件に左右されずに、完全制御された環境下で作物を栽培する施設で、完全人工光型、太陽光併用型、太陽光利用型などの種類があります。

完全人工光型植物工場では、LEDなどの人工光源のみを使用し、工場内では、温度、湿度、光の強度、スペクトル、二酸化炭素濃度などが精密に管理されているため、一年中安定して高品質な作物を生産することができます。

これに対し、太陽光併用型では自然光と人工光を組み合わせることで、エネルギーコストを抑えつつ効率的な栽培を目的としています。また、太陽光利用型植物工場は、温室を使用して自然光を最大限に活用しつつ、一部の環境要素を人工的に制御するというものです。

植物工場のメリットは、安定して高品質な作物を生産できるという点だけではありません。その中でも特に重要なのは、病害虫のリスクが低減されるということ。完全に密閉された空間で、しかも水耕栽培ということであれば、害虫リスクは大幅に軽減できます。それゆえに農薬を使わずに済むため、無農薬という付加価値を生み出すことができるのです。

さらに、完全人工光型は都市のビルや地下空間に設置されることが多く、都市部での食料生産が可能となり、消費地との距離がほとんどなくなるため、輸送コストと環境負荷の削減にも大きく貢献することになります。

これから期待が広がる植物工場の課題

植物工場の技術は、これまでの土壌依存を減らし、農薬の使用を抑えることで、持続可能な農業を支える役割も果たします。都市農業の推進や災害時の食料供給の安定化、さらには農業技術の研究開発の場としても利用されており、今後の展開にますます注目が集まっていくはずです。

ただ一方で、植物工場は高額な初期投資が必要であり、設備の維持管理や運営にも高度な技術が求められるため、その普及には経済的および技術的な課題があります。特に、完全人工光型植物工場はエネルギーコストが高いため、LEDライトのエネルギー効率が高くなってきたとはいえ、安定的な運営のためには、さらなるエネルギー効率の向上やコスト削減が必要です。これらの課題解決が今後の展開において重要な鍵となるでしょう。

植物工場と畑の違い

	植物工場	畑
品質	より一定	ばらつきがある
メリット	天候に左右されず、害虫の心配もない	低コスト
デメリット	高コスト	天候など、外的要因の影響を受ける

LEDは植物にとって太陽の代わりになる？

筑波大学の福田直也先生に聞く

筑波大学
生命環境系教授
福田直也氏

光を使ってレタスのポリフェノール含有量を高める！

私はもともと野菜が専門ですから、野菜を人工照明で栽培する、あるいは人工照明を何らかの形で関与させたときに、野菜が持っている特徴がどう変わるのかをずっと研究しているんです。光というのは植物にとっては絶対に必要なもので、それはなぜかというと、光合成のためです。要するに光で自分の栄養分を作っているわけです。光がなかったら、当然成長もしない。ただ、光の与え方によっては、植物は、いわば人間のストレスのようなものを感じることがあるんですね。

植物は、そのストレスに対抗するために、たとえば自身の形を変えたり、中に含まれている成分を変えることによって、ストレスの影響を受けないようにする。人間の健康機能に関与するポリフェノールやフラボノイドといった物質も、ストレスに応じて作られるので、どういう光の与え方をしたら、そういった物質がたくさん蓄積されるのか。植物の反応を調べるというのを、ライフワークとして長年やっているんです。

その中のひとつが最近研究しているレタス。レタスに特定の光を与えたときに、ポリフェノールがワッと増えるという現象があります。それは青い光によって起こる。青い光は一種の信号なんです。強い光が自分に当たっているぞ、という信号。またさらに、24時間連続で光を与えるということを行う。これも植物にとってかなりストレスで、光は必要なものなんだけれども、やはり人間も食べ過ぎると、おかしくなりますよね。それと同じで、食べ過ぎ状態になることで、中でヤバイ成分ができてしまう。それを無毒化するものを作らないといけないと判断して、ポリフェノールを作ったりする。そうすると、一時的にポリフェノールの濃度を増やせるので、たとえば通常栽培しているレタスを、そういった環境に持ってきて、健康成分を増やすことで付加価値を高めて商品として出荷する。そういう技術体系ができないかと、最近は研究をしています。

LEDライト登場以前の人工栽培

人工栽培で使われた一番古いライトには、メタルハライドランプというものがあります。また、高圧ナトリウムランプといって、今も高速道路などでよく使われている黄色がかった光がありますね。そういったものが人工栽培で使われていました。なぜかというと、それらは光の出力がすごく強いんです。植物を栽培するには、光合成と呼吸のバランスがちょうど一致する光補償点というものがありますが、その光補償点以上に光の強さがないと、植物は成長して大きくなりません。そのためには結構強い光が必要で、特に野菜などは光の要求量が高いものが多いので、ある程度大きなバルブ型のランプが必要ということで使われていたんです。

その時代にも蛍光灯はありましたが、まだ蛍光灯の出力がそこまで強くなかったので、蛍光灯だけでは、かなり植物に近づけないといけないため、難しい時代が続いたんです。そのうち、蛍光灯の出力が上がってきて、蛍光灯でもある程度、野菜の栽培ができることになりました。蛍光灯の何がいいかというと、バルブ型のものに比べると、発熱量が少なく、中の空調が出す負荷も小さい。では、バルブ型のものが使われなくなったのかというと、そういうわけではなく、たとえば今でもヨーロッパでは、トマトやキュウリ、パプリカなど、いわゆる温室の中の補光栽培で使われています。あとはバラ。とくに冬場や高緯度地帯ですね。オランダから以北はそういった照明を使う傾向があります。

そもそも光合成って?

光合成とは、要するに光を化学エネルギーに変換する過程です。それは太陽光でなくても、光であれば何でもよくて、結局光って、光量子という粒として飛んでくる。植物はそれをクロロフィル（葉緑体）で捉えて、化学エネルギーに変換しているんです。一種の太陽光発電みたいなものと考えてもいいと思います。

バルブ型のライトは今もバラ栽培での補光目的で使用されている。

03

光はエネルギー源であると同時に情報でもある

基本的に光合成だけであれば、赤と青だけで十分なんです。ただ、光は植物にとって情報でもあります。それは信号として、捉えた光がどういったパターンかというのを認識した上で、種が発芽するかしないかを判定したり、花を咲かせるか咲かせないかの判定するときの情報として光を使っているんです。光形態形成と言うんですけれども、そのシグナルの意味としては遠赤色が重要になります。

以上の理由から植物にとって、赤、青、遠赤色光が重要な役割を持っていることがわかります。ただ、それ以外にも、植物は紫外線も感知していることがわかっています。植物が持っている光受容体という、特殊な色素とタンパク質の複合体があるんですが、それが紫外線、青、赤、遠赤色の4種類に関しては、すでに見つかっています。緑に関しては、まだはっきりしたことがわかっていませんが、緑も感知しているのではないかという説もあります。人工栽培に話を戻すと、蛍光灯がしばらく植物工場の主力になって普通の野菜を作る、あるいは苗を作る専用のボックスに蛍光灯が使われていました。そのときLEDもすでにあったんですが、栽培用の光には使われていなかった。その理由として、当時のLEDは出力が弱かったことがあります。あまり大電流を流すことができないため、強い光が作れなかった。もうひとつの理由は、青色発光ダイオードが登場する以前は、青色を作れなかったことにあります。

それが青色発光ダイオードの発明と実用化によって、状況は変わります。青というのは、波長で言うと、だいたい450ナノメートル付近の光です。それを蛍光体に当てることで、今度は波長の長い光に変換することができます。要するに青をベースにして、緑や赤の光を含むスペクトルを作り出せるということ。目的によって、どの色を強めるといったことをコントロールできるのがLEDの特徴であり、メリットでもあります。ちなみに、蛍光灯に欠けていたのは、発芽や花芽の分化などに影響する遠赤色光で、これもLEDなら作り出すことができます。

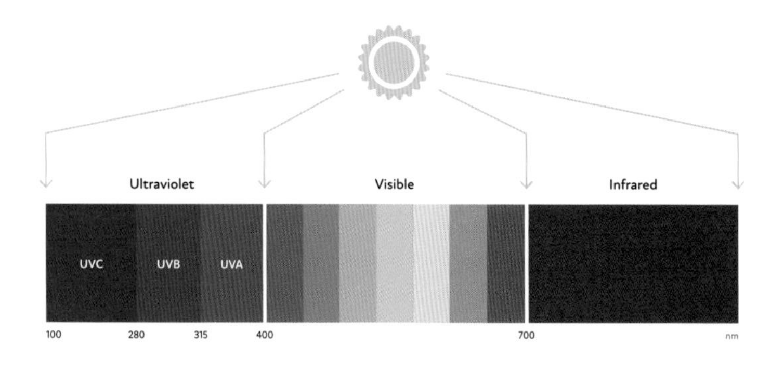

植物に必要な赤、青、遠赤外線

人間が色として視認できる波長の光を可視光線と言います。それよりも長い波長の光を赤外線、短いものが紫外線です。植物はこのうち、赤と青を光合成のエネルギーとして、遠赤外線を光形態形成のシグナルとして使用しています。

それでも太陽は偉大

LEDをはじめ、人工照明による植物栽培は、年中安定していることがメリットのひとつですが、どうしても電気代を含めたコストの問題はどうしてもつきまといます。その点、太陽の光は無料。それでいて圧倒的な光エネルギーを供給してくれます。

LEDは太陽の代わりになれる?

結論からいうと、太陽の代わりにLEDだけで地球上の植物を栽培することは可能です。さきほど言ったように、植物の成長に必要なスペクトルの要素をLEDはすべて満たせるので、まったく問題ありません。また、LEDは特定の波長、偏ったスペクトルを照射することもできる。青や緑、あるいは植物がすごく反応する遠赤色も狙って出すことができるのもLEDの優れたところです。

さきほどのメタルハライドランプのような、もともとが白色で、太陽光のようなスペクトルを持った大型ランプはありました。ただ、取り回しが大変なうえに壊れやすく、とても家庭で使える代物ではありません。また最近、産業用としては、半導体レーザーというものも出てきてはいますが、まだまだ高価です。LEDなら非常にコンパクトで、半導体素子なので衝撃にも強い。発光効率もどんどん良くなってきているので、一般的に普及している光源のなかでは、もっとも進歩していると言えるでしょう。値段も安くなって、今や家庭用の照明もLEDに代わりつつありますよね。そういうところで、植物に関する育成用のランプもいずれ完全にLEDに代わっていくでしょう。

LEDライト室内栽培の魅力とメリット

明るさが足りないスペースでも様々な植物栽培が可能になった

現在、LEDライトは一般家庭や企業でも導入が進み、普及が加速しています。その背景には技術の進歩と生産規模の拡大によって製造コストが低下し、消費者にとって手頃な価格で購入できるようになったことが挙げられます。

それはLED植物育成ライトについても同様で、製品のバリエーションもどんどん豊富になるとともに、導入コストが下がることで、より多くの人がLEDライトによる室内栽培を楽しめるようになりました。

そんなLEDライトの普及が、一般家庭での室内栽培の可能性を大きく広げてくれたと言ってもいいでしょう。たとえば、人気の多肉植物などは、そもそも光を好む傾向があり、どうしても明るさが足りない環境下での栽培は難しいとされてきました。しかし、LEDライトを使用し、光を補うことで、そんな環境での栽培も可能にしてくれます。

太陽の光を存分に使える屋外栽培は理想であり、憧れでもありますが、そこまでのスペースや環境を確保できる人は多くありません。その点、LEDライトを使えば、都会の暗くて限られたスペースでも様々な植物の栽培が楽しめます。

また、室内栽培は植物工場のように、天候や季節などの外的要因に左右されることなく、栽培環境をコントロールできるのもメリットです。自分の育てたい植物や、自身の育成環境に合わせて、ライトの光量を調節していく。そんな試行錯誤もLEDライト室内栽培の醍醐味です。

MERIT 1

足りない光量を補うことができる

植物は光合成によって成長光量が足りないと、徒長や葉の黄変、成長の停滞など、様々な問題が生じます。不足分の光量をLEDライトで補えれば、植物を健康で美しく育成することができます。これまで諦めていた暗い部屋での植物栽培も、LEDライトを適切に使用すれば、問題なく楽しむことができます。

MERIT 2

光量をコントロールできる

自然光と違い、LEDライトはスイッチのオンオフによる点灯や、ライトの配置による植物との距離で光の強度のコントロールが可能です。植物は種類によって必要な光量が異なり、それより多すぎても少なすぎても良くありません。どれだけの時間、どのくらいの強さの光がちょうどいいのか、定期的な観察で見極めていきます。

MERIT 3

年間を通して室内で育成できる

季節によって温度や湿度、日照時間は変わってきます。屋外栽培と室内栽培を併用するにしても、冬場のLEDによる補光は重要なポイントですが、LEDによる室内栽培であれば、温度や湿度、光量の管理ができるため、1年中室内での栽培も可能です。また、光を好む植物でも室内インテリアとして楽しめるというメリットもあります。

LED LIGHT START UP GUIDE

LEDライト室内栽培で必要な基本アイテム

植物の光合成に必要な環境を整えるためのアイテムを用意

ここではLEDライトで植物の室内栽培を始める際に、必要となる基本と言ってもいいアイテムを紹介します。

植物の育成について、おさらいしておくと、植物は光合成によって成長します。そして、光合成に必要なものが、光、水、二酸化炭素です。光エネルギーは葉緑体に含まれるクロロフィルによって吸収され、化学エネルギーに変換されます。水は根から吸収され、葉の細胞に行き渡らせます。二酸化炭素は葉の気孔から取り込まれ、最終的に光エネルギーと水と反応して糖と酸素を生成します。

植物が光合成に必要とする、これらの要素をしっかり満たしてあげられれば、室内でも健康的に植物を育成することが可能になります。光と二酸化炭素については、LEDライトと送風機（ファン）を使用することで、効果的に植物に供給することができます。LEDライトで植物に十分な光を与え、二酸化炭素は送風機で室内の空気を循環させることで、植物の周囲にいつでも新鮮な空気を送り込む。まずはこの環境システムを構築することが、室内栽培のスタートです。さらに、植物栽培の便利アイテムとして人気となっているのがスマートプラグ。スマートプラグは、スマホアプリを使ってLEDライトやファンのオンオフを制御できるもので、スケジュールも設定できます。その他、湿度を管理するためには、加湿器、除湿機。温度管理にはヒーターなどもおすすめです。

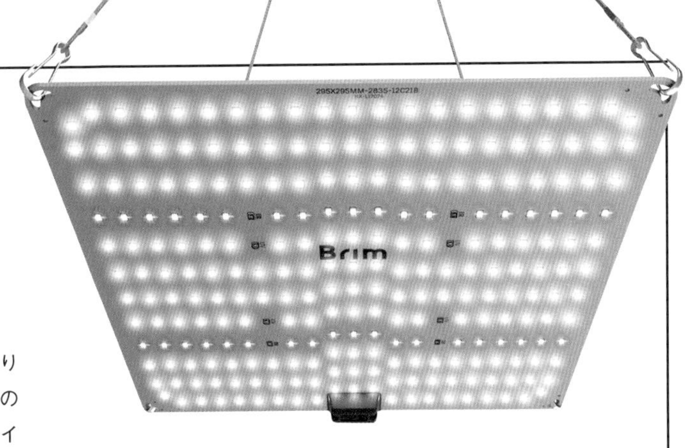

ITEM 1

LED
植物栽培用ライト

植物の室内栽培において、LEDライトは太陽の代わりになるもの。これがないと、安定した育成は難しいので、まずはLEDライトを用意しましょう。LEDライトを用意する際には、植物の成長に必要な光のスペクトラム（青、赤など）をカバーするものを選ぶとともに、栽培する植物の種類と栽培スペースに合わせて、適切な光強度を持つライトを選びます。

ITEM 2

送風機（ファン・サーキュレーター）

植物の健康的な成長のためには、光とともに風通しの良さも重要です。風通しが良いと、室内の空気が循環し、植物の周囲に新鮮な空気が供給され、植物は光合成に必要な二酸化炭素を得ることができます。室内の空気循環のために効果的な送風機は空気循環だけでなく、均一な温度管理や病害虫の予防、過剰な湿気を防ぐ役割も果たしてくれます。

ITEM 3

タイマー
スマートプラグ

室内の植物栽培では、ライトの照射時間を管理する必要があります。もちろん、自分でスイッチのオンオフもできますが、スマートプラグがあれば自動制御で管理が可能になるので便利です。設定した時間にライトが点灯、消灯することで、植物が必要な光量を正確に提供できます。また、ファンを接続すれば、空気の循環もタイマー制御が可能になります。

植物とライトの距離が重要 照度（ルクス）とPPFD

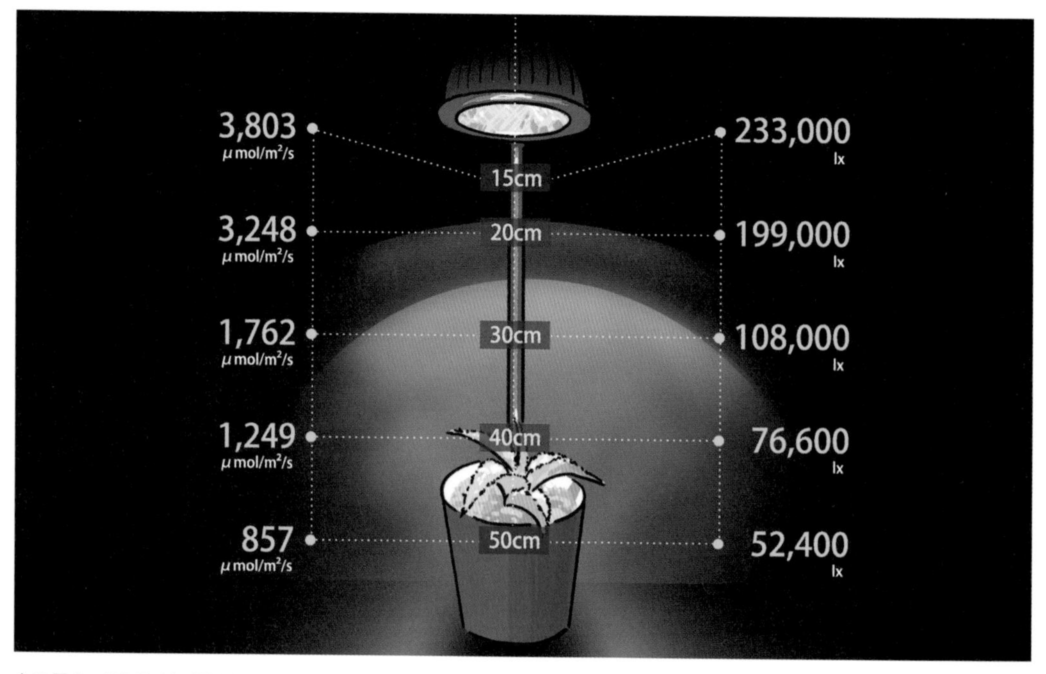

上の図は、LEDライト（BRIM／COSMO 22Wの場合）のPPFDと照度の数値が距離によってどのくらい変化するかを表している。（資料提供／BRIM）

こちらの図は、ライトから40㎝の距離において、中心から周辺にかけて、どれだけPPFDの数値が変わってくるのかを表している。（資料提供／BRIM）

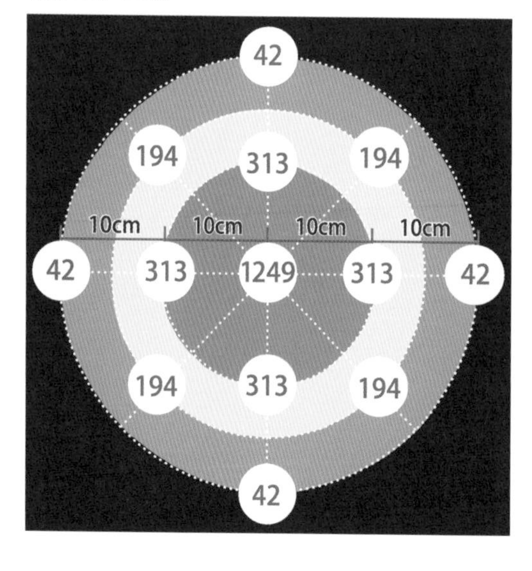

栽培環境の光量を知るための指標

植物は種類によって、必要な光量が異なります。そこで重要になってくるのが、栽培環境において光がどれくらいの強さであるのかを把握するということ。ここで重要になってくるのが、PPFD（光合成有効光量子束密度）という指標です。PPFDは、植物が光合成に利用できる光の量を示すものです。具体的には、植物が特定の時間内に受け取る光子の量を測定し、単位は「μ mol/m²/s」で表されます。一方、光の明るさを測る指標に照度（ルクス／単位は「lx」「lux」）があります。照度は単位面積あたりの光の量を表し、人間の視覚に基づいて測定されます。どちらも光源から近いほど数値が高く、遠いほど低くなりますが、植物栽培においては、光合成のための数値としてより正確なPPFDが照度より重視されます。

BASIC KNOWLEDGE 1

スポットライトの光が及ぶ範囲

ライトの照射範囲は、光源の特性や明るさ、取り付ける高さや角度などで決まってきます。スポットライトタイプは、中心に光を集める設計のため、ある程度遠くても植物に最適な光を与えることができるメリットがありますが、その分照射範囲は狭く、距離が近すぎると、光が強すぎて葉焼けしてしまうなどの問題が起こる可能性があります。

BASIC KNOWLEDGE 2

パネルライトの光が及ぶ範囲

植物育成ライトで、スポットライトと同様に定番のパネルライト。こちらは近距離からでも照射範囲が広く、小さい植物であれば複数育成することができたり、大きな植物でも満遍なく光を届けられることが特徴です。スポットタイプとパネルタイプ、いずれの場合でも、植物全体に満遍なく光が当たることが、植物育成においては重要です。

BASIC KNOWLEDGE 3

照度計で照度を測る

光量を測る指標としてPPFDと照度があり、前者の方がより重要であると前述しました。しかし、PPFDを計測する機器は高額であるため、気軽に導入できるものではありません。その点、照度を測るための照度計は安価で購入できます。栽培環境において光の強さを知るために、まずは照度計を使ってみることをおすすめします。

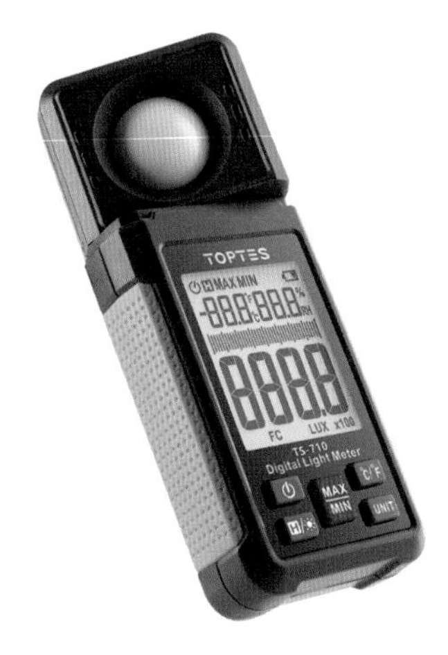

07

LED LIGHT START UP GUIDE

自分の環境に合ったLEDライトの選び方

光の質と量、設置位置を考慮してライトは選ぶ

LED植物育成ライトの選び方は、植物の成長に必要な光の質と量に注目する必要があります。

まず、ここで言う光の質というのは、光のスペクトルのことを指します。植物は光合成には主に赤と青の光を利用します。フルスペクトルLEDライトは、可視光および紫外線や遠赤外線を含む広範囲の波長をカバーしたものです。太陽光に近いフルスペクトルLEDライトであれば、植物の各成長段階に必要な光を提供することができるのでおすすめです。

次に、光の量を確認します。市販のLEDライトのスペックにはPPFD（光合成有効光量子束密度）が表示されています。育成する植物の種類や各成長段階に適したPPFDを提供できるライトを選ぶことで、植物の発芽や成長、開花をサポートできます。ちなみに光を好む多肉植物を例に挙げると、発芽期には100～200 μ mol/m²/s、成長期には200～400 μ mol/m²/s、開花期には400～700 μ mol/m²/sのPPFDが必要とされています。

また、ライトの取り付け位置や高さも検討する必要があります。自宅のどこで栽培するのか、それによってライトを設置する場所は変わります。ライトの位置が高ければ照射範囲が広がりますが、植物との距離が遠ければ、その分PPFDの数値は低くなります。高さの調整が可能なスタンドやダクトレールなどの吊り下げ装置も含めた設置方法も踏まえたうえで、適切なLEDライトを選ぶようにしましょう。

※各メーカーごとにスペック・仕様は異なります。購入前に自分の環境に合ったものを選びましょう。

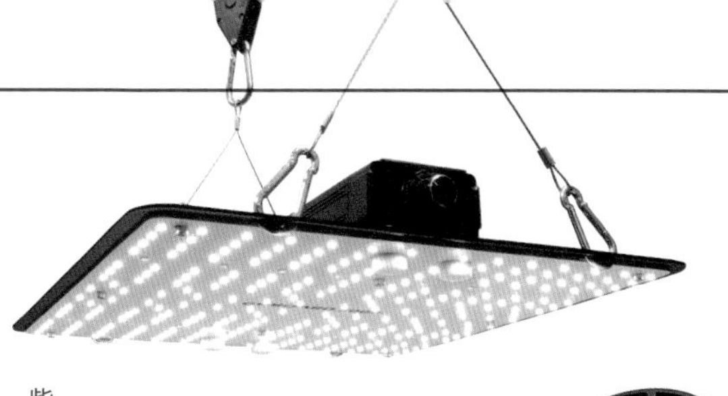

SELECT 1

スペクトルで選ぶ

光の波長の分布を指すスペクトル。太陽光は、紫外線から可視光、そして赤外線に至る広範な波長を含むフルスペクトルの光です。植物の光合成には特に青色光（約400～500nm）と赤色光（約600～700nm）が必要ですが、フルスペクトルLEDライトであれば、それらをしっかり含み、太陽光に近い光を提供できるのでおすすめです。

SELECT 2

植物のサイズや量で変わるライトの数

植物栽培に必要なLEDライトの数は、植物の種類や栽培面積、必要な光量（PPFD）、LEDライトの仕様によって決まります。適切な光環境を整えるためには、光の質と量、均一な照射などを考慮し、最適なLEDライトの配置と数量を選びましょう。また、スポットライトやパネルライトなど、ライトの種類でもカバーできる範囲は変わります。

SELECT 3

インテリアを意識して選ぶ

自宅の室内で栽培する際に重要したいのがインテリアです。まずは植物をどう飾るかを考えます。棚に飾るのか、壁に飾るのか、床に置くのか、吊り下げるのかなど、それに合わせてLEDライトを選ぶ必要があります。ライトを選ぶ際には、インテリアに馴染む光の色かどうか、取り付ける場所に適した形状かを基準に選ぶといいでしょう。

08

LIGHT SETTING

乾燥系植物のLED栽培

日当たりによって変わる栽培スタイル

アガベを中心に人気の乾燥系植物（比較的、乾燥した大地に根ざすタイプ。ここでは便宜的に乾燥系としています）。光を好む性質があるため、日当たりの悪い室内での育成は難しいもののひとつです。季節によって屋外と屋内の栽培を併用するスタイルから、通年室内で栽培するスタイルまで様々ですが、どちらもLEDライトが栽培の要になっています。

SETTING 1

日当たりが悪い部屋でもLEDの光だけで生育できる

パキポディウムグラキリスを中心にグラキリス系全般を栽培しているkazu.o520さんの栽培環境（詳しくはP64へ）。南東向きの部屋で、窓に近い壁面に植物棚を設置し、合計18台のLEDライトを使用しています。

SETTING 2

冬場の栽培棚を利用したLED室内栽培

グラキリスやアガベの栽培を楽しむsatopakipoさんの栽培環境（詳しくはP70へ）。4月から11月下旬まではバルコニーでの屋外栽培ですが、12月から3月末までは屋内の棚でLEDを使った室内栽培をしています。ライトの種類もよりますが、40cmの距離で照射。子株の場合は30cm程度で照射しています。植物とライトの距離を保つために、アームで伸ばしたり、アタッチメントでさらに延長させるなどの工夫をしています。

SETTING 3

タイの高層マンションで生き生きと育つ植物

各種アガベやユーフォルビア オベサなど数多くの植物を栽培するYotchanmanさんの栽培環境（詳しくはP60へ）。タイ在住で、栽培スペースはマンションの65階の室内。ライトとアガベとの距離は15～20cmほどですが、個体差があり、光や熱に強い弱いがあるため、照射距離を分けて栽培しています。屋外栽培は天候などに左右されますが、LEDライトの場合は安定した光を供給できるのが魅力だと感じています。

LIGHT SETTING

SETTING 4

屋外と室内栽培を併用したスタイル

アガベやパキポディウムなどの栽培を楽しむ Yuya Konishi さんの栽培環境（詳しくはP44へ）。春先から11月までは屋外栽培ですが、それ以外の時期は、リビング南向きの窓越しに設置した植物棚に植物を並べ、LEDライトで補光して栽培しています。

SETTING 5

日が当たらない場所でもLEDの長時間照射で栽培

アガベやサボテン以外にも、ビカクシダ、アロエなど様々な植物を育てているurbanjungle51さんの栽培環境（詳しくはP76へ）。この写真は部屋の奥のまったく日が当たらない場所でアガベを栽培しているもの。スポット型LEDライトとサーキュレーターを設置し、スマートプラグで点灯時間をタイマー管理。朝の8時から夜の23時まで15時間、光を照射しています。また、植物の種類によっては、LEDの明るさや距離のセッティングを変えて栽培しています。

SETTING 6

日当たりを気にせず環境を構築できる

アガベやコーデックス、盆栽などを屋内外で育成しているELBAZ FARMさんの栽培環境（詳しくはP48へ）。マンションの一室を事務所兼植物管理部屋にしています。場所によって日当たりは異なる環境ですが、室内はLED管理中心なので、日当たりはそこまで気になりません。ライトはタイマー管理で12時間照射。ファンは24時間、温度管理はエアコンを使用し、昼間は26度程度、夜間は15～20度に設定しています。

LIGHT SETTING

SETTING 7

ハウス設備がなくてもたくさんの植物を育成できる

多肉植物、エケベリア交配実生苗の栽培をする、はなさんの栽培環境（詳しくはP52へ）。戸建て1階の4畳半の部屋は、日当たりが春以降はほぼない環境。それでもスチールラックに多肉植物を並べ、LEDライトを照射することによって、植物たちは健康的に育っています。

SETTING 8

迫力のある植物棚は
栽培と鑑賞を考えた自作のもの

アガベ チタノタを栽培するshoshin_plantsさんの栽培環境（詳しくはP74へ）。マンションの1室、6畳の部屋の中心に設置した自作の栽培用の植物棚は、鑑賞しながら栽培できることを重視したものです。LEDライトは、株に応じて15cmから40cmの距離で照射しています。

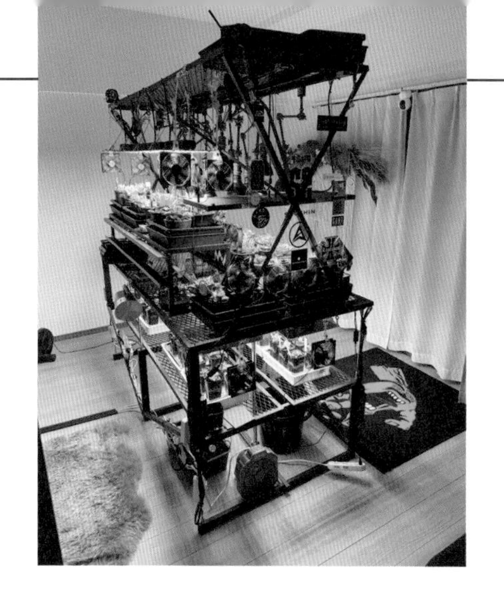

09

LIGHT SETTING

中間系植物のLED栽培

植物が魅力的な空間にしてくれる

湿度を好むもの、好まないもの、耐陰性があるもの、ないもの。様々な観葉植物に合わせた栽培環境は、植物の種類によって多種多様。人気のビカクシダは壁に設置するためのビカクウォールを自作する人も多く、壁面を立体的に演出でき、魅力的な空間にしてくれます。もちろん、インテリアを重視する人たちの照明使いも参考になります。

SETTING 1

日当たりが不十分でも元気に育つビカクシダ

ビカクシダを中心に栽培する acco_life さんの栽培環境（詳しくは P114）。7階の自宅の西向きの部屋が栽培スペース。窓と反対側の壁にビカクウォール、天井にはL字型にダクトレールを設置し、朝6時から夜22時までLEDライトを照射しています。

SETTING 2

高湿度を求める植物はDIYの室内温室で栽培

アンスリウムを中心に数多くの植物を栽培するボルオさんの栽培環境（詳しくはP108へ）。写真の室内温室はIKEAのコレクションケースをDIYしたもので、とくに高湿度を要求する品種を管理しています。

SETTING 3

観葉植物とインテリアを重視したLEDの配置

戸建ての南向きリビングで、数多くの観葉植物を栽培するkyabetsunosengiriさん（詳しくはP104へ）。好きな場所に植物を配置した上で、インテリアを損なわないように工夫してLEDライトを配置しています。

10

LIGHT SETTING

湿地系植物のLED栽培

アクアリウムやテラリウムはLEDが大前提

アクアリウムやテラリウムなど、水槽で栽培する水草は、LEDライトを使用するのが大前提の植物。ライトは水槽の上部に設置し、光が水槽全体に行き渡るようにします。強すぎる光は藻類の繁殖を促進することがあるため、適度な明るさに調整することも重要なポイント。また、ライトによって水槽内の植物が美しく浮かび上がるのも魅力です。

SETTING 1

LEDの光を浴びて元気に育つ水草たち

アクアリウムやアクアテラリウムを楽しむ、ととさんの栽培環境（詳しくはP94へ）。リビングの一角に並べられた多くの水草水槽。特に水草水槽において、光の強さは育成に大きな影響を及ぼすので、距離や調光で光を調整しています。

SETTING 2

ライトで浮かび上がる植物たち

水草から熱帯雨林植物など様々な植物を栽培するryou.rokiさんの栽培環境（詳しくはP106へ）。水草水槽に関してはライトスタンドを使用し、1日に7時間照射しています。植物用のライトで部屋が十分明るいので、ちょっとくつろぐ程度なら、部屋の電気はつけなくても過ごせます。

SETTING 3

テラリウム環境で飼育するイモリ

塊根やシダ、苔類など様々な種類を育てるのが好きだと言う5023（ゴーゼロニーサン）さんの栽培環境（詳しくはP98へ）。写真はテラリウムでイモリを飼育するイモリウム。飼育ケースにはスタンドタイプのLEDを使用。

LED indoor growing style 1

みんなのＬＥＤ室内栽培スタイル〈乾燥系の植物編〉

Part 2

人気のアガベをはじめ、様々な多肉植物など乾燥系植物は、光量が本当に重要なポイントです。ＬＥＤ栽培を楽しんでいる人たちの栽培スタイルを拝見！

CASE 01 リビング南向きの窓越しの植物棚で季節を問わず植物を楽しむ

name

Yuya Konishiさん
InstagramID：@52four_home

1

2

3

冬場に発根管理ができるのは LED栽培の大きなメリット

アガベを中心に植物栽培を楽しんでいるYuya Konishiさん。植物栽培歴は5年で、LEDを導入したのは2年ほど前から。「季節を問わず植物を楽しむことができること、とくに屋外で越冬できない品種を生育できる点が一番の導入メリットと感じています」。また、LEDライトに併用でシートヒーターを使うことで、温度管理もしやすく、冬でも発根管理ができるようになったと言います。

リビング南向きの窓越しに2つの植物棚を設置し、気温が上がる春先から11月までは屋外で育て、気温が下がる11月〜3月は室内での育成です。LEDライトは棚に2つずつ、吊り下げる形で設置し、点灯は朝の6時から夜20時までの14時間。スマートプラグでタイマー管理をしています。

Yuya KonishiさんがLEDのデメリットと感じている点は、場所をとることと電気代がかさむこと。「それ以外はとくになく、正直個人的にはメリットの方が大きく感じています」。

育成植物	アガベ チタノタ 白鯨、アガベ チタノタ ブラック&ブルー、アガベ チタノタ レッドキャットウィーズル、アガベ チタノタ 熊猫、アガベ ホリダ、パキポディウム グラキリス、アガベ パリー ライムストリーク、アガベ ユタエンシス エボリスピナ、その他発根管理中の株多数
使用機材	◎LEDライト／BRIM「COSMO 20W」、BRIM「SOL 24W」 ◎その他機材／アイリスオーヤマ「サーキュレーターアイ DC JET」、SwitchBot「スマートプラグ」
LEDライト使用方法	◎使用時期／11月〜3月 ◎使用時間／6：00〜20：00

1 リビングの南向きの窓越しに設置した植物栽培用の棚。LEDライトは2つある棚にそれぞれ2つのスポットライトタイプを吊り下げ、各種アガベやパキポディウムなどを栽培している。 2 3 4 年間を通してLED栽培をしているわけではなく、基本的に4〜10月は屋外栽培。春先になるべく植物に負荷がかからないように、南側の窓際に棚を設置した上で補光としてLEDを使用している。

4

1

2

1 2 南向きの窓からは太陽の光もしっかり入ってくるため、補光という意味合いでのLEDライトなので、そこまでライトの本数は必要としない環境。3 4 発根管理中の株にはシートヒーターを敷いて温度管理をする。冬場にも発根管理ができるのはLED室内栽培の大きなメリットだと、Yuya Konishi さんは言う。5 屋外栽培と室内栽培の両手法をうまく取り入れることで、栽培の楽しみの可能性が大きく広がった。

屋外栽培とLEDによる室内栽培 そのどちらにも魅力がある

「屋外栽培は天候など環境に左右されることが懸念要素ですが、それを試行錯誤することが園芸（屋外栽培）の醍醐味だと感じています」と言うYuya Konishi さんですが、一方でLEDのメリットについてこう続けます。「屋外栽培と比べて、LED栽培は常に一定の環境下にコントロールできるため、失敗のリスクが少なく、理想の植物の形に近づけやすいのが利点ですね」。LED導入当初は、ライトの光が強すぎたために葉焼けを起こしてしまったこともあると言います。「葉焼けしたアガベはなかなか元に戻らないため、元に戻すのに1年以上かかったのでかなり凹みました」。現在は安定した栽培環境を構築できたYuya Konishi さん。屋外栽培とLEDによる室内栽培、どちらにもそれぞれの楽しみ方があり、今後も続けていきたいと言います。

CASE 02

適した環境を整えれば室内でも美しく植物を育成し鑑賞できる

name

ELBAZ FARMさん
InstagramID : @elbazfarm

1 2 事務所兼植物管理部屋としているマンションの一室。南西の窓から採光はできるが、すべての棚やテーブルに育成ライトとファンを設置しているため、日当たりは気にしていないとのこと。
3 日照要求の強いアガベなども、LEDの発達により室内でも美しく育ち、インテリアグリーンとして楽しめるように。

育成植物	アガベ、コーデックス、盆栽、多肉・観葉植物全般
使用機材	◎LEDライト／BARREL「TSUKUYOMI」「AMATERAS」「ROKI350」「YEW-7W」、HARU design「HASU38 spec9」「Light STAFF VA」、BRIM「SOL 24W」「LUNA 24W」「COSMO 22W」、Mars Hydro「TS 1000」など ◎その他機材／BARREL「AECHMEA MOVE」、KEYNICE「USB扇風機」、PEDRAIN「USB扇風機」
LEDライト使用方法	◎使用時間／12時間（タイマー管理） ◎ファン：24時間 ◎温度管理（エアコン）／昼間26℃程度、夜間15～20℃程度

4 2台ある植物棚では上段は吊り下げ式のスポットライトで、中段や下段ではパネルライトでしっかりと光が当たるようにしている。ライトはタイマーで管理され、1日12時間照射している。5 6 7テーブルでの栽培はスタンドライトを使用し、真上から光が当たるように管理。複数の鉢に光を当てる際には照射範囲の広いパネルタイプのライトを使用し、まんべんなく光を当てるようにしている。

8 盆栽なども室内で管理している。9 10 ELBAZ FARM さんはルーフバルコニーに単管を使ったハウスを建て、屋内外の両方で管理している。植物本来の美しさを引き出し、健康的に育てるためには、定期的に屋外に出し、太陽光を浴びせてあげることも重要だという。

LEDの光に加えて水と風をバランス良く保つのがコツ

「一度設備を整えてしまえば、天候に左右されず一定のクオリティで管理できるようになります。また、屋外管理の株を育成に適さない時期に屋内に取り込むことで育成を続けられます」とLEDのメリットについて教えてくれたELBAZ FARMさん。LEDの性能が進化したことで、屋外管理が当たり前だと言われていたアガベなども屋内で管理できるようになったことが、何より素晴らしいことだと感じているそうです。ただし、LED栽培を始めると光に意識が向きがちなので注意が必要だと言います。例えば、光だけが強く、水やりや風が少ないと光合成が阻害されたり、高温による葉焼けのリスクがあります。「屋内栽培の環境を整える際には、光・水・風のバランスを正三角形になるようにイメージすると、リスクを減らし、植物全般が美しく育つと考えています」。

CASE 03 寒い冬や過酷な夏でもデリケートな幼い苗をしっかり生長させられる

name

はなさん
InstagramID：@oliveandsucculentgarden87

1 2 3 戸建の1階にある4畳半の部屋を育成部屋にしている。春以降はほぼ日当たりがないため、棚やスチールラックに多肉植物を並べて吊り下げ式のパネルタイプのLEDライトを、まんべんなく光が当たるように配置して屋内栽培をしている。ライトの熱がこもらないよう、3D首振り機能のあるファンでしっかり風を送っている。

育成植物	多肉植物、エケベリア交配実生苗
使用機材	◎LEDライト／BRIM「PANEL A」、GREENS INDOOR「植物育成ライト」 ◎その他機材／3D首振りサーキュレーターファン、スマートコンセント
LEDライト使用方法	◎使用時間／7時～23時（タイマー管理）

Olive & Succulent Garden
タウラス×
さくらドロ
ブラックサバス×
アリスブルー
星影×
ラウイ
4

5

4 5 植物育成用のLEDは通常のLEDよりも熱が出るため、水やりは屋外栽培より頻繁にしている。 6 7 8 はなさんがLEDライトを使って屋内栽培するのは、環境の変化に敏感な多肉の交配実生苗のみ。苗以外の多肉植物は、基本的に屋外の多肉棚で通常通り育てている。ただ、近年の夏は気温が異常に高く、とにかく過酷なため、貴重な株だけは屋内に避難させ、天候が安定するまではLED育成することも検討しているとのこと。

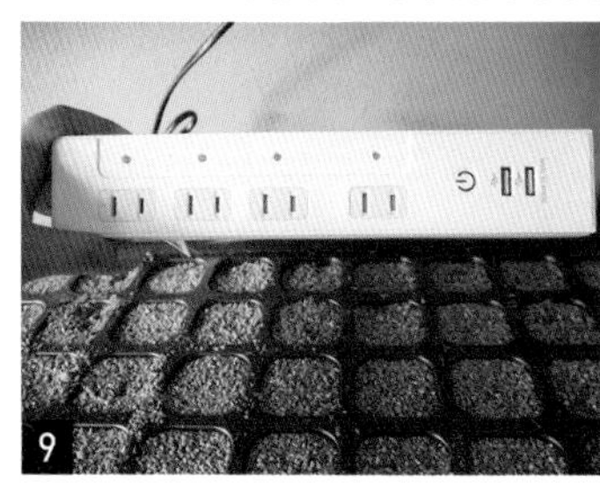

9 10 LEDライトの電源はすべてスマートコンセントで管理している。アプリのタイマー機能を使用し、自動的に毎朝7時に点灯し、夜11時に消灯するよう設定している。

屋内栽培でのLEDライト使用はメリットの方が大きい

植物栽培歴17年のはなさんがLED育成を導入したのは1年前から。LED栽培について聞いてみると「屋外栽培より電気代はかかりますが、天候への対策などの労力を考えたらメリットの方が大きいです。むしろ、寒い時期でもしっかり育ち、屋外の多肉棚よりも良い色に育ってくれています」と感じているとのこと。ビニールハウスなどの設備を持っていなくても、たくさん育てられるのもメリットになるとも教えてくれました。デメリットについては「頻繁に水やりをする必要があり、たくさんライトを使って熱を持ちやすいため、しっかり送風しないとカビやすいこと。あとは微粉ハイポネックスを水やりに使うとコケが出やすい点ですね」だと言います。そのため「しっかり風を送って温度が上がりすぎを防ぐこと」が、はなさんがLED育成のコツと感じる点だそうです。

CASE 04

季節ごとにライトの照射時間を変え屋外の太陽光に近い環境を整える

name

かたまりさん
InstagramID：@katamari.28

1

2

3

屋外とLEDをうまく合わせれば それぞれの弱点を補い合える

パキポディウム属の栽培に注力するかたまりさんは、屋外栽培がメイン。「冬期に十分な光を与えなければ、春に新葉や花芽の形成が不十分であったり、形成の遅延が発生します。したがってパキポディウム属などの塊根植物は、屋内でLEDを使用することで冬期（12～3月）の光量不足を補っています」とのこと。「育成環境を自由に変えられることが､LEDを用いた室内栽培の強み」だと言う、かたまりさんは「アフリカやマダガスカル原産の植物にとって、特に日本の梅雨と冬の環境に耐え難いため、その植物に適した要因を分析し､整えられることが屋外栽培との大きな違い」と考えています。また、季節にうまく順応できるよう、最適な栽培方法を研究。「LEDを用いた栽培は、これからの園芸界を大躍進させると確信している」と大きな期待を寄せています。

1 複数の吊り下げ式のスポットライトを、高い位置から植物全体に光が照射されるように設置。 2 3 高性能なLEDの登場によりパキポディウム属を年間を通して屋内で栽培することができるようになった。 4 5 冬から春にかけて日照時間が長くなるため、12～1月は約12時間、2～3月は約14時間と、季節によってLEDの照射時間を調整している。

育成植物	パキポディウム属、アデニウム属、フォークイエリア属、オペルクリカリア属、ディオスコレア属、フォッケア属など
使用機材	◎LEDライト／BARREL「AMATERAS 20W」BARREL「TSUKUYOMI LED 20W」「AMATERAS LED 20W」、Helios Green LED「PRO」 ◎その他機材／BARREL「小型送風機AECHMEA」
LEDライト使用方法	◎使用時間／12時間程度（12月～1月）、14時間程度（2月～3月）

6 LEDを使うメリットは、年間を通して塊根植物の屋内育成が可能であること、安定した光量の供給、葉焼けなどのダメージリスクの回避など、多々ある。7 屋外栽培には太陽光以外に季節ごとの日照時間や気温、湿度、天候、昆虫の飛来など、屋内栽培では得られない自然要素が豊富にある。これらの自然要素が植物の成長率向上と用土内の土壌微生物の活性化に寄与し、新葉や花芽の形成、冬支度に重要であると考えている。

8 9 10 LEDを導入した当初、スポットライトだけでは植物棚全面に均一に光を照射することが難しく、端に置いていた植物を徒長させてしまった経験があるかたまりさん。それ以来、パネルタイプを導入したり、植物のトレイを24〜48時間ごとにローテーションさせて、光量の均一化を図っている。

CASE 05 LEDの照射距離を調節して それぞれの植物に最適な量を当てる

name

Yotchanmanさん
InstagramID : @Yotchanman

2

3

4

LEDによる葉焼けを防ぐには
植物とライトの距離も重要

一年を通して陽当たりが良く気温も高いタイで、アガベ属などを栽培するYotchanmanさん。「屋内栽培でも、太陽光では季節により光の角度が変わったり、天候で光量が左右され、気温が高すぎると熱で焼けてしまう場合もありますが、LEDであれば安定して光を供給できるのがメリットだと思います」。強い光を当てるほどワイルドに育つアガベですが、慣らしをせずにLEDライトを近づけすぎて焼いてしまったこともあるそう。「今ではライトとの距離を徐々に縮めるように気を付けています」と言います。

1 マンション65階の一室の3畳ほどのスペースで育成している。窓の外に遮るものがないため、日当たりは非常に良好。 2 3 4 スチールラックに小さめのスポットライトを多数吊り下げて育成。アガベとライトの距離は15～20cm。生長状況や個体ごとに光や熱への耐性が異なるため、照射距離を分けている。照射時間は8～22時ごろで、オンオフはアプリで管理。

育成植物	アガベ チタノタ、アガベ オテロイ、アガベ ホリダ、ユーフォルビア オベサ
使用機材	◎LEDライト／BARREL「AMATERAS LED」、Helios Green LED「HG24」 ◎その他機材／ファン、Wifi付き延長コード（アプリでLEDライトのON・OFFが可能）
LEDライト使用方法	◎使用時間／14時間

5 6 7 8 アガベ属以外に、ユーフォルビア オベサなども栽培しているYotchanmanさん。マンション12階の屋外でも直射日光で栽培。LEDライトだけでは難しい、ワイルド感のある育ち方をする。 9 太陽光の強いタイでの屋外栽培は葉焼けに注意する必要があるため、屋内栽培と合わせて調節している。 10 大きなアガベの植え替えなどは、屋外にスペースがあると汚れなどを気にせずに行える。

8

9

10

屋外の直射日光などと合わせて健康的に、野生的に育てる

LED栽培は光量や温度が安定した環境を整えられるのがメリットですが、どうしてもおとなしい印象に育ちます。屋外で太陽光や風に当てることで、よりワイルドさを感じられ、自然の中で育ったような雰囲気のある風貌に育てることが可能。Yotchanmanさんはマンション12階の屋外で、タイの強い直射日光のもと屋外栽培もすることで、生き生きとしたアガベに育てています。もちろん、生長や天候の状況によって屋内と屋外で株を移動させる手間はありますが、より健康的に栽培するためには必要な手間とも言えるでしょう。LEDライトのみでワイルド感のあるアガベを育てるためには、照射距離や時間、光の強さを細かく調節が難しいかもしれません。

CASE 06

水や風の管理をしっかり行えば安定した環境を作れるのがLED栽培

name

kazu.o520さん
InstagramID：@kazu.o520

1 吊り下げタイプのスポットライトを中心に、パネルタイプやスタンドタイプのLEDも併用して均一に光が当たるようにしている。**2** **3** 東南向きの部屋で、窓に近い壁際に植物棚を設置し、一年中LEDを稼働させている。年間を通して屋内で栽培している植物があれば、夏場だけは外で栽培しているものもある。

2

3

1

育成植物	パキポディウムグラキリス中心にグラキリス系全般（グラキリス、ウィンゾリーー、バロニー、マカイエンセ、エブレネウム）、アガベ系（アガベチタノタ、白鯨、ブラックアンドブルー、ユタエンシス）、灌木系（オペルクリカリアパキプス、コミフォラカタフ、コミフォラホルトジアナ、コミフォラフンベルティ、コミフォラアフリカーナ、センナメリディオナリス）、アデニア系全般（アデニアグラウカ、スピノーサ、グロボーサ、クリスタルグリーン）、冬型植物（ペラルゴニウムミラビレ、ケラリアピグマエア、モンソニアムルチフィダ、亀甲竜）、サボテン系（コピアポア黒王丸、孤竜丸、アストロフィツム系、瑠璃兜、ロフォフォラ系）、オブツーサ等の多肉植物、アデニウム、ステファニア、ブーファン、キフォステンマ、ユーフォルビア系全般など
使用機材	◎LEDライト／BARREL「TSUKUYOMI」「AMATERAS」（計18台） ◎その他機材／アイリスオーヤマのサーキュレーター（360度首振りタイプ）、他2台の計3台
LEDライト使用方法	◎使用時間／12時間（タイマー制御）

4 5 冬は寒さで枯れてしまうため、屋内LEDの環境ですべての植物を越冬させている。雨などで水が多すぎると枯れてしまうため、梅雨時期も同様。 6 7 8 LEDと屋外栽培を併用しているkazuo.o520さん。屋外栽培はLEDでは出せない強い光量を得ることができ、健康的な植物を育てられる。ただし急な天候変化や夏場の気温には注意が必要とのこと。

室内栽培にありがちな徒長は水のやりすぎも原因

天候に左右されないことがLED栽培の最大のメリットだと言うkazuo.o520さん。「夏場は太陽光が強すぎると焼けてしまったり、急な雨で根腐れを起こしてしまうことがありますが、そういった不安がないことは大きなメリットです。LED導入当初は屋内栽培用の部屋は日当たりが非常に悪かったのですが、年間を通して屋内で栽培していた植物も、LEDだけでも十分に生育が可能でした」。kazuo.o520さんのLED栽培のコツは「水は少なめで管理すること」だそう。植物用のLEDとはいえ太陽光よりは弱いため、水を与えすぎると徒長してしまい、見た目が悪くなってしまうためです。また、「LEDだけで栽培していた植物を屋外管理へ移行する際には、太陽光による葉焼けのリスクが高いため、慣らし期間を設けてあげること」も、コツのひとつとのこと。

6

7

8

CASE 07

LEDなら狭いスペースでも植物を均一に育てることができる

name

やどかりさん
InstagramID：@yadokari_plants

1 2 日当たりのない部屋で、メタルラックとやどかりさんがDIYした台に苗や株を並べてLEDライトのみで育成。ファンは株に直接当てず、周りの空気を循環させるイメージで回している。 3 パネルタイプのライトの下、光量の多い中心付近には強い株を置き、ストレスカラーがある場合には端側に移動させるようにしている。

4 5 種子から育成することが多いやどかりさんはパネルタイプのLEDライトをメインに、株単体に光を当てる場合には吊り下げタイプのスポットライトを使用。

ランニングコストはかかるが それ以上の恩恵を受けられるLED

照射範囲が広く、コスト面でも優秀なパネルタイプのLEDライトがやどかりさんのオススメ。「複数の株をひとつのライトでカバーできるのがパネルタイプのメリットですね」。ただし、パネルタイプは中央と端で明るさに大きな差が出るため、反射材を設置して外に漏れる光を反射させるようにしています。「これだけで、1000ルクスほど明るさを向上させることができます」。パネルタイプを使う際のさらなる工夫として、光量を調節できるものは、植物とライト本体をできるだけ近くすることで、光量の融通が効くようにしているそうです。「ライトを選ぶときには、スペクトル図を確認するのが重要。青と赤がしっかりとピークにあるものを選びましょう」。

育成植物	アガベ オテロイ、アガベ実生（種子から）、パキポディウム、センナ メリディオナリス、オペルクリカリア パキプス、ほか観葉植物全般
使用機材	◎LEDライト／BARREL「TSUKUYOMI」「AMATERAS」（計18台） BRIM「PANEL A」×4（播種、子株用）「COSMO 22W」×1（中株用）「SOL 24W」×1（中株用）、HaruDesign「GL-A 6K 5800K」×1（中株用）、PLANTS NEXLIGHT「BLACK」×1（アガベ以外用）、I.G.S plants「growers pro UVB +270」×1（メインライト小株用）「growers eco 150」×1（播種、子株用）、Spider Farmer「SF2000」×1（メインライト小株用） ◎その他機材／アイリスオーヤマのサーキュレーター（360度首振りタイプ）、他2台の計3台 LVWIT「ダクトレール スポットライト E26口金」、szbritelight「ダクトレール」、AMZHOOZ「【自動首振り＆最大60時間連続使用】扇風機」
LEDライト使用方法	◎使用時間／9時～22時 ◎ファン／24時間

CASE 08 屋内のLEDと屋外の太陽光それぞれの強みを生かせばバランス良く育成できる

1 2 屋内では吊り下げタイプのスポットライトをメインに使用して、植物を棚に並べて育成。ライトの性能にもよるが、植物とライトは40cmの距離を離して照射。子株の場合は30cmほどで直射している。3 ライトと植物の距離感を保つために、アームやアタッチメントで延長させている。satopakipoさんはSNSなどでライトのアレンジをシェアすることで、ライトのアレンジ方法やより良い設置の情報を集めている。

育成植物	グラキリス、アガベ、ビカクシダ
使用機材	◎LEDライト／BARREL「AMATERAS」、中国製のLEDライト ◎その他機材／中国製のファン
LEDライト使用方法	◎使用時間／15時間（タイマー制御）

3

name

satopakipo さん
InstagramID : @satopakipo

屋内のLEDも屋外の太陽光もバランス良く取り入れたい

季節ごとに太陽光とLEDで植物を育成するsatopakipoさんは、LEDを使った屋内栽培は、きれいに育成できるところが一番の利点だと言います。「さまざまなメーカーが植物用ライトを開発していて、選択肢の幅が広がっているのもありがたいですね」。屋外栽培は天候の影響で水分調節が難しくなったりしますが、太陽光の下だと植物が大きく育ちやすいなどのメリットもあります。「グラキリスは冬はほとんど生長しませんが、外に出してあげると葉が厚くなり、量も増えてカッコ良くなります」とsatopakipoさん。アガベは屋内育成の方が安定しやすいそうですが、satopakipoさんは日光に当ててあげたいという気持ちを優先して、4月には屋外に出すそうです。

4 水やりをほとんどしない冬の間はグラキリスは生長しないが、春に屋外に出すとLEDを使った屋内栽培より大きく生長する 5 6 丘の上にあるマンション屋上のペントハウスで屋内・屋外を併用して栽培。風通しが良好な東向きの屋根無しバルコニーがあり、そこで4～11月下旬までは植物棚7台を使って雨ざらしのまま育成。12～3月末は屋内のLED育成に移行している。

CASE 09 自作の植物棚で部屋の広さや植物に合わせたLEDのレイアウトがしやすい

name

shoshin_plantsさん
InstagramID : @shoshin_plants

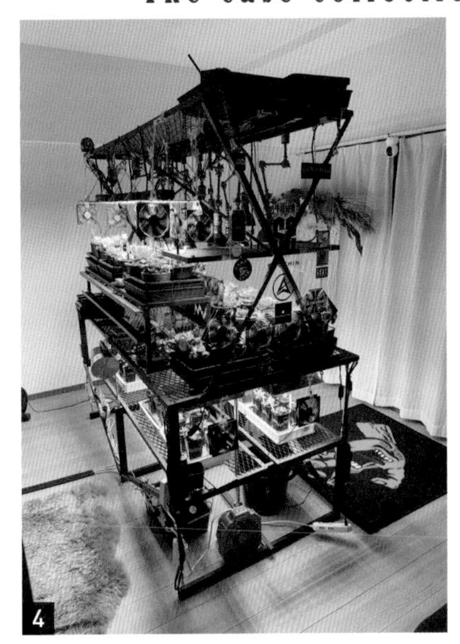

1 アイアンラックに吊り下げ式のスポットライトとパネルライトで完全室内栽培をしているshoshin_plantsさん。2 現在、育成しているのはアガベのみ。3 ライトとアガベの間に風が通るように、ファンをクリップで吊り下げている。4 DIYしたアイアンラックを部屋の中央に付近に置いて、前後左右から鑑賞できるレイアウトは特徴的。

オリジナルの植物棚でより良い栽培環境を整える

植物の栽培を始めたばかりのshoshin_plantsさんですが、オリジナルの植物棚を自作するほど、そのおもしろさにハマっているとのこと。「年間を通して屋内でLED栽培をしていて、屋外管理は一切していません。LEDライトは株の生長具合や大きさによって、15～40cmの距離で照射しています。天候の変化を気にせずに、植物に光を当ててあげられることがLEDの強みですね」とのこと。完全オリジナルの植物棚は、スポットライトの位置を調節しやすいアームやファンによる通気性の良さなど、植物が育ちやすくなるための工夫が詰まっていて、植物栽培への情熱を感じられます。

育成植物	アガベ（チタノタ）
使用機材	◎LEDライト／BARREL「アマテラス20W」×14、「ROKI-350」×2、BRIM×4、HaruDesign「GL-board」×4、GREENSINDOOR×4枚 ◎その他機材／ELUTENG USB冷却ファン×34
LEDライト使用方法	◎使用時間／6時～18時

CASE 10

日当たりや植物の種類によって同じ屋内でも照射時間を変える

name

urbanjungle51さん
InstagramID：@urbanjungle51

1 西陽が入る窓際には、吊り下げ式のスポットライトとパネルライトで、塊根植物を中心に育てている。 2 焼杉板などに板付けしたビカクシダをワイヤーネットを使って壁に絵画のように飾っている。日当たりがほとんどないため、天井にダクトレールを設置してスポットライトで8～23時半まで照射。

育成植物	アガベ、塊根植物、ビカクシダ、アロエ、サボテン、ユーフォルビア、観葉植物
使用機材	◎LEDライト／BRIM PANEL A、Helios Green LED HG24、Helios Green LED PRO、HaruDesign GL-A、HaruDesign HASU38 spec9、HaruDesign GL-X ◎その他機材／アイリスオーヤマ「サーキュレーターアイ」×2 KEYNICE 自動首振りUSBファン、KEYNICE USBファン、YAMAZEN サーキュレーター YLS-F181（W）、アイリスオーヤマ サーキュレーター PCF-S15A-W、アートワークスタジオ シーリングライト AW-0544、ヤザワコーポレーション LR1001BK ライティングダクトレール 1000m、IKEA テルティアル、共同照明 ダクトレール スポットライト 1.5m、共同照明 ダクトレール 1m、共同照明 ダクトレール スポットライト E11 E26、Meross スマートプラグ、VHBW USB コンセント
LEDライト使用方法	◎使用時間／壁のビカクシダ：8時～23時30分、メタルラックのアガベ・3段棚のアロエやサボテン・3段棚の上段の塊根植物：8時～13時、20時～0時、部屋奥の陽が当たらない場所のアガベ：8時～23時

植物の種類や場所で LEDの明るさや距離を変える

植物栽培歴24年のurbanjungle51さん。アガベや塊根植物を中心に、ビカクシダ、アロエ、サボテン、ユーフォルビアなども育成しています。「屋外管理では、天候や季節、時間帯によって太陽光が弱かったり強すぎたりと不安定ですが、屋内でLEDを使っての育成であれば、安定して光を当てることができます」とLEDのメリットを教えてくれました。「ただ、どうしても電気代は嵩んでしまいます。また、植物に長時間照射することが多いため、故障してしまうリスクも高くなります」。LEDで植物を育てるうえでurbanjungle51さんが注意していることは「同じ部屋の中でも、植物を置いている場所にどのくらい太陽光が当たるのかで照射時間を変え、植物の種類によってLEDの明るさや距離を変えること」だそうです。

3 5 窓際のメタルラックで育成しているアガベは、西陽が当たるため、その時間帯はLED照射を止め、8～13時と20～24時の間だけLEDを当てている。パネルライトを使用。 4 まったく太陽光が当たらない部屋の奥で育成しているアガベは8～23時までずっとLEDを照射している。スポットライトを使用。 6 美しく葉が伸び育ったアガベ チタノタ。LEDライトを使った屋内育成がメインだが、時期によってはベランダにある植物棚に出して、太陽光で育てている。

6

CASE 11

大光量で植物を加速的に大きくする加速栽培にもLEDを活用している

name

TOKYさん
InstagramID : @toky.jp

LEDライトを近づけて大きく育てる加速栽培

多肉植物全般をおもに栽培する、植物栽培歴11年のTOKYさん。そんなTOKYさんがLEDライトを使用しているのは、自身が経営する店舗の販売スペースと、加速栽培用の栽培場の2つ。どちらも日当たりはまったくない環境なので、LEDライトが唯一の光源です。そのせいもあり、環境を一定にできることがメリットだと感じている、と言います。これまでにライトと植物の距離が近すぎて、葉焼けしてしまったこともあることから、基本的に遠目でじっくりと当てるようにしているそう。ただ、加速栽培はその逆。「ライトをかなり植物に近づけた上で、ファンで強風を当てて加速的に大きくさせています」。

1 店舗の販売スペースに飾られた様々な多肉植物。鉢のデザインにもこだわり、どれも魅力的な存在感を放っている。天井から吊るして使用しているLEDライトは、Heliospectra「ELIXIA601」とかなり強力なもの。2 3 4 加速栽培では、ライトを近づけることで光量をUP。熱問題はファンの強風で対応している。ファンを回すため、高湿度を求める植物にはこのシステムは難しいと、TOKYさんは考えている。

育成植物	多肉植物全般
使用機材	◎LEDライト／Heliospectra「ELIXIA601」 ◎その他機材／中国製のファン
LEDライト使用方法	◎使用時間／12時間（朝から夜まで）

LEDライトによる モンソニアの実生栽培

森 敏郎
(InstagramID：@mori_udn)

好きな場所、好きな時間、好きな強さで植物に光を当てられるため、冬のような気温と夏のような日照の両立など、屋外管理では実現できないような条件で栽培を試すことができます。

私は主に、乾燥地帯に生えるモンソニアという植物の実生栽培（種子からの栽培）に力を入れています。モンソニアの生息地は「日差しが強いのに涼しい」という独特な気候です。この環境を自宅で再現するために、強力なLEDが非常に役に立っています。

野生のモンソニアは、厳しい乾燥の中で休眠を繰り返しながら、年に数mmという非常に遅い速度で育ちます。この成長を速めるために水を多めに与えて栽培すると、確かに速く成長しますが、枝が細長く徒長します。逆に自然界のような乾燥条件で育てると、徒長は減りますが、成長速度も野生株同様になり、大きく育てるには途方もない年月が必要になってしまいます。このため、かつてはモンソニアの実生栽培は非常に困難だとされていました。

私自身も実生栽培の模索を始めた当初は、発芽した苗が、私自分が死ぬまでに親指サイズに成長すれば成功だと考えていました。しかし、実際に育てていく中で、強力なLEDを使用すると、たくさん水を与えても徒長せず、野生株に近い枝の太さを保ったまま、年間数cmから十数cmも成長することがわかりました。これは野生の数十倍の成長速度です。また、この栽培方法を使うと発芽後半年以内に沢山の花が咲き始め、年に数百も種子が取れることも判明しました。

ゆっくり育つ植物の数十年を1年間に圧縮する。これは強力なLED無しでは実現が難しかった栽培方法です。この方法が今後進歩していけば、将来的には野生株を超える迫力の栽培株が当たり前になると思います。

モンソニア以外にも、乾燥地帯には魅力的な植物が沢山自生しています。しかし、その多くが野生株の乱獲や土地開発により絶滅の危機に瀕しています。自生地の個体数の減少に繋がる野生株中心の楽しみ方から一歩離れ、LEDなどの新しい機材を取り入れながら自家栽培の面白さや可能性を広げていくことが、自生地の未来のためにも、また愛好家の未来のためにも重要だと思います。

1 LED栽培で野生株のように成長し花を咲かせたモンソニア
2 3 4 モンソニアが成長していく過程

5

6

使用機材

LED ライト：Hipargero HG400
ラック：ドウシシャ ルミナスノワール
コンセントタイマー：パナソニック WH3311WP
ファン：ヤマゼン YMY-D301
反射材：BINGXIN キャンプ用アルミマット
温湿度計：ダイソー
スペクトロメーター：楢ノ木技研 ezSpectra 815V

LEDライトはHipargero「HG400」をメインで使用しています。ラックの最上段にLEDを置き、棚板のメッシュ越しに使用しています。コンセントタイマーの設定は朝5時〜夜7時の点灯です。

育成環境は南向き6畳洋室。夏は窓からの直射光が少ないため、日光で部屋が温まる感じはありません。6月頃から10月は最高気温が30℃を超えるため、30℃以下の設定で常時エアコンをかけています。昼夜の寒暖差はほとんどありません。

冬は直射光で部屋が暖められてしまうため、昼間のみ室温30℃を超える日があります。適宜エアコンか隣室とのドアの開放で対応しています。夜間は10〜15℃前後です。

我が家のベランダは夏は50℃超え、冬は積雪があるため、春と秋しか植物を置くことができません。LEDを使った室内栽培なら、極端な暑さや寒さの対策は不要になります。突発的な豪雨や台風のときも鉢の心配をしなくて良くなり、虫や病気の心配も少なくなります。

LEDの導入で園芸のハードルが劇的に下がる家は多いと思います。

5 LEDライトを設置した栽培棚 6 LEDライトはHipargero HG400を使用 7 LEDで栽培中のモンソニアの実生苗

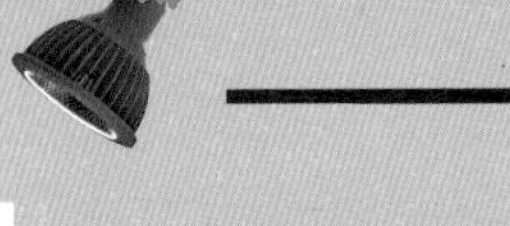

LEDライトで育てる

HABITAT STYLE

Shabomaniac!

長いあいだ、日照こそが植物のすべてで、植物は屋外かそれに相当する温室などで育てるものと考えてきました。とくに乾燥地に生きるサボテンや多肉植物は、浴びるほどの光を求めているのだから、どう考えても人工光線には向いていないと。一方で、５年ほど前からビカクシダを屋内に飾るようになり、窓から差しこむ外光に加えて電球型のLEDを補助光に加えてみたところ、案外うまく育つことにも気づきました。

1 2 LED 栽培棚　3 4 モンソニア作例

そうしたなか衝撃的だったのが、塊茎植物の最稀品にして最難物であるモンソニア属（*Monsonia=Sarcocaulon*）の各種を、播種から超速で育てている森敏郎さん（@mori_udn）との出会いでした。氏からLED栽培の詳細なノウハウをお聞きしたうえ、貴重な種子まで戴いて、２年前から私自身も本格的なLED栽培を始めたのです。森さんの栽培法はとても画期的なもので、太陽光を凌ぐ光量のLED環境下で、環境を適温に保ち常時給水するというもの。これがどんな奇蹟を起こしたのかは、森さんのホームページ（https://www.toshiromori.com/）に詳しく掲載されているので是非ご覧ください。

この栽培方法の決定的な凄さをまとめると、私の理解では以下のようになります。モンソニアをはじめとする沙漠環境の植物は、日本国内では屋外やそれに近い無遮光ハウスでも光量が足りず、徒長が避けられませんでした。モンソニアの実生は過去にも試みたことがありますが、日照が不十分で丈高く伸びてしまうことも多く、かつ成長遅鈍で標本育成は不可能に思えました。けれど、自生地の南アフリカやナミビアをも凌ぐ強烈なLED照射のもとで、生育適温を保ち常時給水を行えば、超速で野生株の風格に到達できてしまうということなのです。

私もLED=補助光という固定観念をとっぱらって、人工の太陽で植物を育てる発想に切り替えてみました。私のLEDラックは、ほぼ自然光の入らない場所で、エアコンの直下です。使用機材は「Hipargero」というメーカーのフルスペクトルLEDランプ。弁当箱型で冷却ファンが内蔵されているもので、400W型と800W型の2基を使っています。後者は高さ60cmから90×90cmの範囲を照射する想定と説明されていますが、私のところでは高さ40cmから50×50cmにあてています。栽培範囲の中央付近で植物上端が受ける光量は、晴天屋外の光量を大きく超えています。この強いLED照射を至近から浴びせることで、“栽培棚にナミブ沙漠を再現”する、というのが肝です。加えてエアコンを常時稼働し温度を摂氏20－25度に通年保つことで、温度変化の乏しい海岸沙漠の環境条件にも近づけています。モンソニアについては、この森方式のLED栽培がかなり普及し多くの方が開花標本の育成に成功しており、採取された種子が市場に流通して不法採取の抑止にも繋がっています。ここでは、私がそれ以外の植物について試みた事例をいくつか紹介したいと思います。

すでに顕著な成果が出ているのが同じ環境で育てているアボニア・アルストニー（*Avonia alstonii*）です。まず、種子を蒔いて7年間温室で育ててきたものを、LED下に移してみました。すると出てくる茎節がとつぜん短くなり、花も塊茎にはりつくように咲きました。よくみるアルストニー栽培株の茎節（葉のように見えるもの）は、1～2cm以上に伸びてふさふさしています。しかし、自生地写真に見るそれは、ごく短くて別モノのように見えます。同じように強光LED下では、茎節は5ミリ以下にしか伸びず、刈り込んだ芝生のようです。またアルストニーは花梗が2cmくらい伸びて咲くので、それが普通と思っていましたが、強光LED下では花梗が確認できないくらい短くなります。これまで私たちがふさふさしていると感じたアルストニーの茎節は、実は徒長した姿に過ぎなかったことがわかります。また成長遅鈍で知られるアボニアも、この環境下ではモンソニア同様スピードアップして育ちます。次ページ右下の写真は実生半年でLED下に移して、10か月くらい経った赤花アルストニー（*Avonia quinaria*）ですが、すでに塊茎が1cm以上に育っています。本種についてはモンソニア同様に、強光LED下でこそ本来の姿=Habitat Styleを獲得できる植物と言えそうです。

5

6

5 栽培棚のモンソニア　6 Hipergero の LED ライト　7　8 アルストニー　9 赤花アルストニー実生

こちらは近縁のアナカンプセロス・コンプトニー（*Anacampseros comptonii*）。栽培遅鈍な難物と言われますが、何年も動きが悪かった実生苗をLED下に置いたとたんに爆速で成長し、青々とみずみずしい姿になりました。ところが、同じ棚の上でさらに光線の強い場所に置いたところ、とたんに生育が止まりました。このあたり、植物にあわせた適切な光量管理が不可欠なことがわかります。

メセン類についても、遮るものが乏しい環境に生きる種にはうまくいく感覚があります。

写真は播種から4か月のムイリア宝輝玉（*Muiria hortenseae*）で、5月撮影のもの。ハウス環境のものは、外皮が黄色くなりはじめ休眠入りしていますが、LED棚はエアコンがきいていて、最高温度は25度止まりなので、まだ成長しています。同じく緑ぎっしりの稜曜玉（*Dinteranthus vanzylii*）の実生苗も青々としたまま。メセン類もモンソニア同様に休眠をパスして通年成長させられるかも知れません。

最後に、この強光LED栽培にも欠点はあって、それは電力消費が甚だしいことと、冷却ファンが大きなノイズを発生するために人間の生活環境とは相性がよくないことです。この方法で植物を大量生産したり、巨大なコレクションを維持しようとすると、こんどは環境負荷も気になってしまいます。なので、稀少かつ他の方法では本来の姿に育て難い植物を、小規模にじっくりと向き合いながら育てるのに適していると思います。

昨今の植物ブームでモンソニアをはじめ、大量の野生植物が輸入され、消費されていますが、これらの多くは自生地でも絶滅危機に瀕している植物です。過酷な自生環境に鍛えられた野生個体はほんとうに魅力的ですが、種子からの育成でその姿に近づけられれば、採取による自生地への圧迫は軽減できるはずです。LEDという人工の太陽の力で、ホンモノの太陽が輝く自生地へのリスペクトをこめて、ワイルドな植物を育てあげる。それは究極のHabitatStyleと言えるんじゃないかと思っています。

10 コンプトニー　11 ムイリア　12 稜曜玉

LED indoor growing style 2

みんなのLED室内栽培スタイル〈湿地〜中間系の植物編〉

Part3

アクアリウムやテラリウム、人気のビカクシダなど、飾るだけで魅力的な空間にしてくれる植物たち。インテリアのお手本のような栽培スタイルがズラリ！

CASE 12 光の影響を受けやすい水草は細かなLEDの調節が重要

name

ととさん
InstagramID：@hiro_toto_rium

1 リビングの一角を育成スペースとしているととさん。直射日光が当たらないためLEDのみで育成。すべてタイマーで照射時間を管理し、15～23時まで点灯させている。一年を通して一定の室温になるよう空調管理もしている。2 3 LEDはなるべく植物の真上から当たるように設置。距離や光の強さも、それぞれの植物に合わせて調節している。

2

3

1

育成植物	アクアリウム（水草各種）、アクアテラリウム（ネオレゲリア、着生ラン、ネペンテス、アグラオネマ、フィカスプミラ、クリプトコリネ、シルバーレディなど）、観葉植物（鉢植え）、エバーフレッシュ、アグラオネマ、コウモリラン（苔玉）、パルダリウム、シダ、苔、ネオレゲリア、原種ベゴニア、アヌビアス･ナナ、セラギネラ、ウォーターローン、着生ランなど
使用機材	◎LEDライト／Chihiros Aquatic Studio「Chihiros RGB VIVID2」、ADA「アクアスカイ RGB Ⅱ 60」、DOOA「ソルスタンドRGB」「マグネットライトG」、GEX「リーフグロー」「CLEAR LED POWER Ⅳ 300」、コトブキ「フラットLED SS」、BARREL「AMATERAS LED」「TSUKUYOMI LED」 ◎その他機材／水草水槽においては外部フィルターや二酸化炭素添加装置を使用
LEDライト使用方法	◎使用時間／15時～23時（タイマー管理）

4

5

6

7

4 5 6 7 水草水槽やテラリウム、パルダリウムにおいてLEDライトは必須アイテム。水草の育成において、光の強さが大きな影響を及ぼすため、ライトと水草の距離を水槽ごとに変えたり、調光機能のあるライトであれば、光の強さを植物に合わせて細かく調整している。健康的な育成のために、個々の水槽の定期的なメンテナンスも欠かせない。

それぞれの植物に最適な強さで LEDを当てて健康的に育てる

水草水槽などではLEDライトは欠かすことができないアイテムのひとつです。「植物によって求める光の強さが異なります。強すぎて育たないと思えば、弱すぎても育たない、なんてこともあります。個々の植物に合った光の環境を整えてあげることが難しいところ」とのこと。使っているLEDライトはスポットライトをメインに、大きな水槽には、個々にアクアリウムやパルダリウム専用のライトを使っています。ベランダでもビオトープをしているととさんは「太陽光とLEDでは、植物の育ち方に大きな差が出ます。例えばベニチガヤという植物であれば、草体や色味のどちらも屋外の方がしっかりと育ちます」と言います。植物がきちんと安定して育つという面においては、LEDにメリットがあるそうです。

CASE 13 光量を一定に保てるLEDライトは植物のコンディションが安定しやすい

1 **2** 自宅マンションのリビングにライトを3箇所、異なる角度から設置し、光が当たらない死角ができないように工夫している。**3** イモリウムの飼育ケース内で苔や植物が育つよう、ラック一段ごとにライトを設置。**4** リビングスペースの半分が観葉植物の占有スペースとなっている。

育成植物	アガベ、マンガベ、ディッキア、ユーフォルビア、ビカクシダ、アデニウム、ドリナリア、リュウビンタイ、フペルジア、オオタニワタリ、アスプレニウム、クリプタンサス、バンダ、胡蝶蘭、グラマトフィラム、ホンコンシュスラン、ボトルツリー、アラレア、エバーフレッシュ、エレンダニカ、トックリラン、ヒメモンステラ、モンステラジェイドシャトルコック、フィロデンドロン、コーヒーの木、エスキナンサス、ディスキディア、ホヤカルノーサ、グリーンドラム、トラディスカンティアゼブリナ、ドラセナ、フィカス、ポトス、サンスベリア、各種エアプランツ、各種多肉植物、各種苔類（イモリウム）など
使用機材	◎LEDライト／BARREL「AMATERAS-10W」「AMATERAS LED 20W」「TSUKUYOMI LED 20W」、DOOA「パルダライト30」 ◎その他機材／BARREL「AECHMEA MOVE（エクメアムーブ）」、バルミューダ「Green Fan C2」
LEDライト使用方法	◎使用時間／［自宅］7時～19時、［オフィス］8時30分～20時

4

name

5023（ゴーゼロニーサン）さん
InstagramID : @5023_chaoslife

5

6

7

8

9

10

5 6 自宅リビングは南向きで日当たりは良好だが、窓から離れた場所や、壁で遮られ光が届きにくい場所もあるため、LEDライトで補っている。7 オフィスはビル9階にあり、全面窓のため太陽光が入りやすい環境のため、窓際に観葉植物などを並べている。8 9 10 エントランス付近は光が届きにくいため、天井にダクトレールを設置し、スポットタイプのLEDライト4個で光量を補っている。

LEDを使うことで太陽光だけで育てるよりも成長が早い

いろいろな種類の植物を育てることが好きなゴーゼロニーサンさん。観葉植物から珍奇植物、苔類、多肉植物など、約100種200株ほど育てているそう。「LEDがあれば、自宅やオフィス、太陽光が届きにくい場所でも関係なく植物を育成できるため、レイアウトの自由度が高まります。植物の成長も早く、コンディションを整えるのにも有効だと思います」。ゴーゼロニーサンさんのLEDを使って植物を育てるコツは「部屋の奥まった場所で育てる場合は、LEDライトだけでなくサーキュレーターを使って風も一緒に届けるようにしている」点だと言います。また、生活空間の中でLEDを使う場合には、長時間座る場所になるべくライトを向けないようにしているそう。

CASE 14 本来樹木に着生するビカクシダは壁に掛けて真上からLEDを当てる

name
blissful_green2049さん
InstagramID：@blissful_green2049

1

ビカクシダは部屋に合わせて専用壁をDIYすると育てやすい

ビカクシダをメインに育てているblissful_green2049さん。東と南向きの2面の窓がある育成部屋は日当たりが良く、室内温度も夏は20～30℃、冬は17～21℃ほど。LED栽培のメリットはやはり天候に左右されず光を当てられることと、光の当て方の微調整が可能なことだそうです。「まんべんなく光が当てられるように、壁にセットしているビカクシダの配置をときどき変えて、当たる光を調整しています」。ビカクシダ育成のコツについては「品種によっては真上に成長すると見た目がカッコ良くなるものがあるので、その品種の真上にLEDライトがくるように配置するなど、成長後の姿をイメージしながら光を当てるように心がけています」とのこと。光量が強いLEDで葉焼けを起こさないように、最低でも30cmはライトから離すのも失敗しないコツのひとつ。

1 2×4の木材とエクスパンドメタルを使って自作したビカクシダ専用壁。 2 3 ビカクシダ以外に塊根植物やアクアリウムなども育成。 4 胞子培養も行っており、植物育成用LEDではなく、アクアリウム専用LEDを使用。 5 自作のビカク専用壁にダクトレールを付けてスポットライトを天井からまんべんなく光を照らしている。 6 屋外で直射日光に当てるときには、短時間にしたり遮光して葉焼けなどを防ぐようにしている。

育成植物	ビカクシダ（リドレイ、リドレイワイルド、ウィリンキー、ステマリア、ワンダエ、コロナリウム、エラワン、ヒリードラゴン、ネザーランド、アーバンリバー、グランデ）、ガジュマル、フランスゴム、ポトス
使用機材	◎LEDライト／BRIM「PANEL A 植物育成ライト LED パネル」×1、「SOL 24W」×2、Helios Green LED「HG24」×1、◎その他機材／アイリスオーヤマ「サーキュレーターアイ」×2
LEDライト使用方法	◎使用時間／6時～21時、◎ファン／24時間、◎湿度管理／加湿器で65～70%を維持

CASE 15

屋内の飾りたい場所で植物を育てられる自由さがLEDの魅力

name

kyabetsunosengiriさん
InstagramID：@kyabetsunosengiri

1 戸建の南向きリビングで、背の高いモンステラなどの観葉植物を育成。植物がインテリアの一部として違和感なく馴染んでいる。 2 スポットライトを天井から吊り下げ、高い位置から広い範囲に光を当てる配置。 3 窓からの太陽光が壁で当たらない植物にはスタンドを使ってライトを照射。 4 天井の梁を利用してカンガルーファーンやネフロレピスなどの鉢を吊り下げている。

美しい植物を屋内で楽しむために十分な光量のライトが必要

多数の観葉植物を広いリビングで育てているkyabetsunosengiriさん。屋内の植物に光を当てるために、むやみやたらとLEDを使うことはせず、インテリアを損なわない配置を心がけているそうです。スポットライトタイプのLEDからリフレクターを外すことで、パネルライトを使わなくても広範囲を照らせるようにしているのもそのため。デザイン性が高く自由にレイアウトできるLEDライトは、インテリアとの親和性を重視するkyabetsunosengiriさんにとって欠かせないアイテムなのでしょう。

育成植物	モンステラデリシオーサ、カンガルーファーン、フィロデンドロンタンゴ、マングーカズラ、オーガスタ、パキラ、サンスベリア、ポトス、ザミオクルカスレイブン、ミルクブッシュ、ネフロレピス、アガベ、トックリラン、ビカクシダ、サボテン他
使用機材	◎LEDライト／BARREL「TSUKUYOMI」「AMTERAS」 ◎その他機材／サーキュレーター：ボルネードDCモーターモデル、加湿器：バルミューダ Rain
LEDライト使用方法	◎使用時間／朝起きて就寝まで利用

CASE 16

強い光を求めない種類の植物には高性能LEDがあだになることも

name

ryou.rokiさん
InstagramID：@ryou.roki

1 2 水槽や熱帯雨林植物のための多湿ケースなどを置いた鑑賞スペース。スポットライトで全体を照らせるように吊り下げている。3 ビカクなどのハンギングプランツは壁にソケットを取り付けたライトで育成。

育成植物	ビカクシダ（リドレイ、グランデ）、エクメア チャンティニー（ゼブラ、ハイブリッド、ブラックエボニー、ブラックセレクト）、チランジア（ヒルダエ、バンハイニンギー、プルイノーサ、ファットボーイ、アエラントスニグラ）、ネオレゲリア、エバーフレッシュ、ブセファランドラ多数、原種ベゴニア多数、シダ多数（海外種、国内種問わず）、苔多数、水草（主に陰性水草でボルビティス、アヌビアス各種、ミクロソリウム各種、エキノドルスウルグアイエンシス、ルドウィジアスーパーレッド、国産のインバモなど）、熱帯植物多数、年中屋外育成はオリーブ 5 種、ニレケヤキ、花梨、藤、アガベなど。
使用機材	◎ LED ライト／ BARREL「アマテラス」「ツクヨミ」「スサノオ」、コトブキ「ミニ LED ビーンズ」、ゼンスイ「マルチカラー LED」 ◎その他機材／ライトスタンド：ボルクスジャパン レディオアーム、ミスト機：ゼンスイ fog（パルダリウムに使用）、外部フィルター：エーハイム クラシック 2213（アクアリウムに使用）、oase フィルトスマート 60（アクアリウムに使用）
LEDライト使用方法	◎使用時間／水槽：7 時間、パルダリウム・熱帯植物：冬場 15 時間、夏場 10 時間ほど

出力が大きいLEDライトを選べば良いというわけではない

ryou.roki さんの部屋は太陽光があまり入らないため、屋内での植物育成は LED がメイン。かつて一部のシダや苔、熱帯植物などの強い光が必要ないものが LED ライトで葉焼けしてしまったそうです。「部屋の構造的にライトの位置を植物から離すことが難しかったため、解決策として、ワット数を落とし、暖色系のライトを選ぶことで光を弱めました」。この解決方法は、同じく育成スペースを十分に取れないときに参考になりそう。「植物の種類によって求められる光の明るさなどは変わります」そのため、ライトのワット数やスペクトルのチェックは欠かさないそうです。

CASE 17

直射日光が入る日当たり抜群の部屋では LEDライトの使用は限定的でもOK

name

ボルオさん
InstagramID：@volwo_plant_tokyo

1 階段下はカット苗や調子を崩した株の養生、密閉ケースでの発根管理などに使用。2 3 IKEAのコレクションケースをアレンジして作った室内温室では、特に高湿度を要求する植物を管理している。4 室内温室はタイマー付き加湿器で常時70～80%の湿度にキープ。5 基本的に日当たりが良いため、LEDは階段下などの陰になりやすい場所が中心。

育成植物	[室内温室] アンスリウム ベッセアエ アフ、アンスリウム ルクスリアンス、アンスリウム クリスタリナム、アンスリウム フォルゲッティ ダーク、アンスリウム キング オブ スペード、アンスリウム ドラヤキ、アンスリウム パリディフローラム、モンステラ パールマルクスフレーム、フィロデンドロン ベルコーサム、ラフィドフォラ メガスペルマ、ベゴニア フートエンシス [階段下] フィロデンドロン グロリオーサム、フィロデンドロン シャロニアエ、フィロデン バールマルクス バリエガータ、モンステラ エスケレート、モンステラ オブリクア ペルー、モンステラ アカコヤグエンシス、モンステラ シルテペカナ、ホマロメナ sp. スマトラ、ホマロメナ ブラック
使用機材	◎LEDライト／[室内温室] BRIM PANEL A、[階段下] Derlights 植物育成ライト ◎その他機材／[室内温室] 温室本体：IKEA RUDSTA、噴霧器：RETIZOO デジタルタイマー付き加湿器、送風機：Amazonで購入したノーブランドのPC用ファン、加温設備：みどり商会 暖突、温湿度計：SwitchBot 温湿度計 [階段下] 加温マット：Hyindoor 育苗マット、送風機：Amazonで購入したノーブランドのPC用ファン、温湿度計：SwitchBot 温湿度計
LEDライト使用方法	◎使用時間／6時～18時(タイマー管理)

5

温室でLEDを使うなら安全性にも配慮が必要

3面採光のリビングは非常に日当たりが良く、植物栽培に適した環境。夏はほとんどの多肉植物を南向きのベランダで管理し、冬になると夏型の品種は室内へ。代わりに冬型塊根植物をベランダで楽しんでいるそうです。LEDライトは自作した室内温室の中と日が当たりにくい階段下のスペースで使用。ただ、「アロイド系の植物には、LEDの照度は強すぎる場合があるため、寒冷紗を被せて照度を抑えています。遮光に加え、霧吹きの水などからLEDを守ることもできます」と温室内でLEDを使う注意点をボルオさんは教えてくれました。「LEDの利点は環境に左右されにくい点はもちろんですが、ベランダなどの屋外だと土が乾きやすいため水やりの頻度が多くなり土の劣化が早くなってしまう、という問題を防げる点にもあると思います」。

CASE 18

LEDライトをタイマーで管理して太陽の動きに合わせたリズムに

1

2

育成植物	ビカクシダ（リドレイ、ビフルカツム、グランデ、ビーチー）、アガベ（姫厳龍、レッドキャットウィーズル、輝山、ブラック&ブルー、笹の雪、ホリダ、白鯨）、アガベ実生（笹の雪、ネバデンシス、エボリスピナ・ヴェガス、エボリスピナ、オテロイ）、パキポディウム実生（グラキリス）、カラテア（オルビフォリア、ビューティースター、ワルセヴィッチー、モザイク、ホワイトスター、ホワイトフュージョン）、スキンダプサス（トレビー、オルモストシルバー、ピクタス・アルギレウス、ムーンライト、プラチナム、シルバー）、サンセベリア（マッソニアーナ斑入り）、アロカシア（グリーンベルベット、アマゾニカ、シルバードラゴン、クプレア）、マランタ（レウコネウラ・エリトロネウラ、レモンライム）、フィロデンドロン（バーキン、オキシカルジウム・ブラジル、クリームスプラッシュ、シルバーメタル）、エアプランツ（ウスネオイデス）、ジュエルオーキッド（マコデスペトラ、ホンコンシュスラン）、フィカス（ウンベラータ、ルビー）、パキラ、モンステラ・デリシオーサ、マドカズラ、ベゴニア・マクラータ
使用機材	◎LEDライト／豊川温室&高島屋植物園 PlantsNEXLIGHT、HaruDesign GL-X 6K、HaruDesign HASU38spec9、BRIM PANEL A、HaruDesign GL-BOARD 5000、Kaiju Plant 怪獣フレア 301 ◎その他機材／E26ソケットアイテム：Tledtech アームライトスタンド、BARREL クリップ式フレキシブルアーム、フロアスタンド：HaruDesign ライトリフトスタンド1640、BARREL フレキシブルアームライトスタンド、点灯自動化タイマー：SwitchBot スマートプラグ、Meross スマート電源タップ、小型ファン：KEYNICE KN-618、KEYNICE KN-818、サーキュレーター：アイリスオーヤマ PCF-SDC15T、遮光アイテム：Kaiju Plant 怪獣シェード、ヒーターマット：Kaiju Plant 怪獣サーマット、加湿器：シャープ HV-R55-W、シャープ KC-R50-W、ドライマット：Kaiju Plant 怪獣ドライマット
LEDライト使用方法	◎使用時間／8時～17時（タイマー管理）

1 植物棚は各段にパネル型のライトを設置して、同時に複数の株に光を当てている。**2** 日当たりがほとんどない部屋のため、パネルライトやスポットライトで必要な場所にLEDの光を不足なく当たるようにしている。

name

りある／ Life with Plants & Musicさん
YouTube：https://www.youtube.com/@lifewithplantsmusic

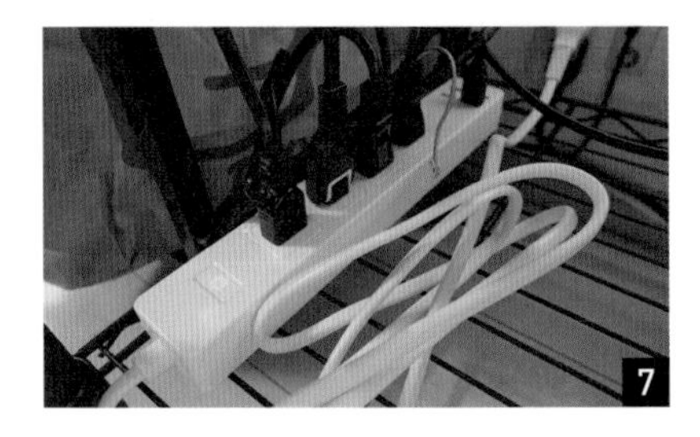

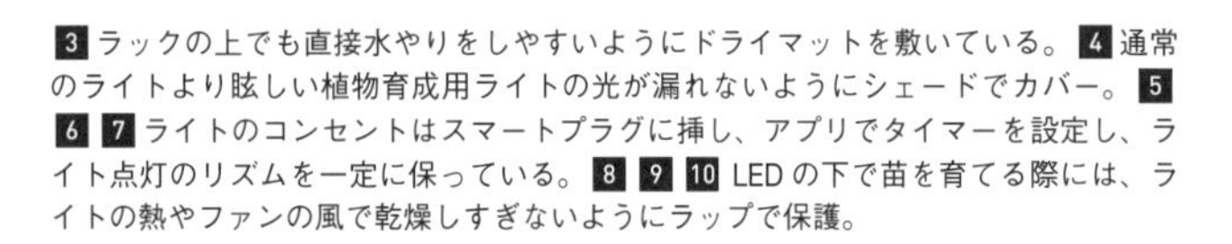

3 ラックの上でも直接水やりをしやすいようにドライマットを敷いている。 4 通常のライトより眩しい植物育成用ライトの光が漏れないようにシェードでカバー。 5 6 7 ライトのコンセントはスマートプラグに挿し、アプリでタイマーを設定し、ライト点灯のリズムを一定に保っている。 8 9 10 LEDの下で苗を育てる際には、ライトの熱やファンの風で乾燥しすぎないようにラップで保護。

8

9

10

植物も生活のリズムが崩れると健康的な成長が妨げられる

太陽の動きに合わせるため、LEDライトを8～17時の9時間照射するスタイルのりあるさん。タイマーで自動的にオンオフされるように設定し、リズムが崩れないようにしているそうです。また、LEDを設置する際には、特に距離と方向にも気を付けているそうで、「植物は光に向かって成長するため、強い光源が斜めにあるとその方向に徒長してしまいます」。そのため、LEDは真上に設置したり、ときどき鉢を回転させてバランス良く成長するようにしているそうです。「LEDがあれば、太陽がなくても植物を育てられます。なので、庭がない、部屋の日当たりが最悪、などで植物の栽培をためらっている人もぜひLEDでの育成にチャレンジしてみてほしいです」と、りあるさんはLEDによる屋内栽培をオススメしています。

CASE 19 天井裏の下地の位置を調べることでダクトレールでのLED設置は安定する

name

acco_life さん
InstagramID : @acco_life

育成植物	ビカクシダ、フィカス、サンセベリア、アイビーなど、25種類32株
使用機材	◎LEDライト／BARREL「AMATERAS 20 W」 ◎その他機材／BARREL「Aechmea（小型送風機）」
LEDライト使用方法	◎使用時間／6時〜22時

1 日当たりの良い窓と反対側にある壁にDIYしたビカクウォール。美しい形に育つよう、ライトの向きを調節している。2 窓の前は植物優先スペース。夏の午後はレースカーテンで日差しを柔らかくする。3 4 5 L字型に取り付けたダクトレールにはライトとファンを設置している。ファンは24時間稼働させ、部屋の空気が常に循環するようにしている。

LEDだからこそ自分好みのシルエットに育てやすい

西向きのリビングで植物を育てているacco_lifeさん。「マンション7階で見晴らしが良く午前中から明るいですが、太陽光が窓から入るのは午後から。窓の前は鉢植えの植物で埋め尽くされ、窓から遠い壁にあるビカクシダには日が当たりにくい環境です」。そのため、LEDは天井からビカクシダを中心に、陰になりがちな場所に当たるように設置しているそうです。ダクトレールを天井に取り付ける際、最初は下地の位置を調べずに固定したため、すぐに緩んでしまった経験があるそう。「下地チェッカーを導入したおかげで、取り付け直したあとは頑丈に固定することができました」。現在はライトと植物の位置関係や距離を模索中とのこと。「LEDは自分が意図した方向から光を当てられて、ビカクシダが美しく葉を展開させることができるのが嬉しいです」。

LED植物栽培実例集

2

3

4

5

LED lights for growing plants & useful item

Part 4

LED植物栽培ライト&便利アイテム

LEDライトによる室内栽培を始める際に必要なアイテムから、あると便利なアイテムまで。充実した栽培ライフを送るためにおすすめの製品を紹介します！

BARREL AMATERAS-10W

太陽光に含まれる可視光七色すべてを連続で発光することで、高い演色性を実現。植物や水中を自然かつ鮮明に照らし、太陽光とほぼ同じ見え方で、驚くほど綺麗。照射距離40cm時の照度は13580ルクス、PPFDは287 μ mol m-2 s-1。

BRIM SOL 24W

高出力の照度と植物に必要なすべての波長を再現した光により、室内でも美しい植物育成が可能。製品の難燃性や電源の加熱保護機能など、安全性も申し分ない。照射距離40cm時の照度は43500ルクス、PPFDは700 μ mol m-2 s-1。

LEDライト栽培おすすめアイテム①

LEDライト

スポットライトタイプ

種類豊富な電球タイプ。
設置場所に合わせて使いやすいのもメリット。

※照度、PPFDの数値は使用環境や計測方法によって変化することがあります。

BARREL NEO AMATERAS LED 20W

太陽光に近い波長を使用した植物育成ライト。電源内部のパーツを耐久性の高いものに変更したニューバージョンは、石調の蓋などインテリアにも馴染むデザインが特徴。照射距離40cm時の照度は18050ルクス、PPFDは406 μ mol m-2 s-1。

HaruDesign HASU38 spec9

正午ごろの太陽光に近い波長を持つLEDチップ採用により植物の光合成率を高めてくれる。冷却性能が向上したボディ形状により、電子部品の耐久性や機能安定性も向上。

BRIM COSMO UV 20W

七色の可視光に加え、紫外線もカバーすることで植物の健康と品質向上までサポート。フリッカーレスでライトのチラつきがなく、鑑賞中の目の疲れや撮影時の不便を解消。照射距離40cm時の照度は65400ルクス、PPFDは1064 μ mol m-2 s-1。

Helios Green LED HG24

農業用照明を専門にするメーカーの技術により、光合成の促進に重点を置いて開発。付け替え可能な広角レンズが付属し、環境に合わせて照射範囲を広くすることが可能。照射距離30cm時の照度は71467.1ルクス、PPFDは1136.1 μ mol m-2 s-1。

HaruDesign GL-A

高密度COBLED搭載で十分な光量ながらコスパに優れた植物育成ライト。アルミヒートシンクを増やすことで放熱性が高くなったボディは製品の耐久性と安定性を向上。

HaruDesign Light STAFF VA 6K FtW

レンズ部分のハンドルを回転させることで、照射角度を無段階に調節可能。照らす範囲を植物に合わせて調節することで、効率的に光合成を促進させる。

BRIM LUNA 24W

太陽光の明るさと波長を再現し、効率よく植物の成長を促す。演色性も太陽光とほぼ同じなため、植物を鮮やかに照らし、本来の美しさを損なうことなく鑑賞できる。照射距離40cm時の照度は36500ルクス、PPFDは600 μ mol m-2 s-1。

BRIM COSMO 22W

非常に高いPPFD値と照度を誇りながらコスパが良く、さらに取り外し可能な反射板と集光レンズにより使用環境や植物のサイズに合わせて照射範囲を変えられて使い勝手も良い。照射距離40cm時の照度は76600ルクス、PPFDは1249 μ mol m-2 s-1。

BARREL NEO TSUKUYOMI LED 20W

太陽光に近い波長の中でも、光合成効率に優れた赤波長を主体に設計することで、植物の成長を促す。光の見え方も赤みがかった暖色で、植物の緑がより鮮明に演出される。照射距離40cm時の照度は21690ルクス、PPFDは507 μ mol m-2 s-1。

Hipargero HG800

植物育成に必要な光の波長のバランスが良く、さらに植物の徒長を抑えるUV-A（紫外線）と光合成を促進するIR（赤外線）が含まれているのが特徴。照射距離45cm時の照射面積は0.95㎡、照度は39860ルクス、PPFDは1266μmol m-2 s-1。

Helios Green LED PRO

真夏の直射日光の約半分のPPFD値で、高い光合成誘発効果があり、同時に葉焼けの心配を低減。手動ダイヤルにより光量の調節が無段階にできる。照射距離30cm時の照射範囲は横140×奥行70cm。照度は最大54292ルクス、PPFDは788.5μmol m-2 s-1。

LEDライト栽培おすすめアイテム②

LEDライト

パネルライトタイプ

複数の植物をまとめて照らしたいなら、パネルライトタイプがオススメ。

※照度、PPFDの数値は使用環境や計測方法によって変化することがあります。

HaruDesign GL-BOARD 5000

植物育成のために開発された高性能LEDを搭載したパネルライト。波長は太陽光に近く、さらにUV（紫外線）とIR（赤外線）のLEDも搭載。4段階の調光機能により葉焼けのリスクを抑えて電気代の節約も可能。

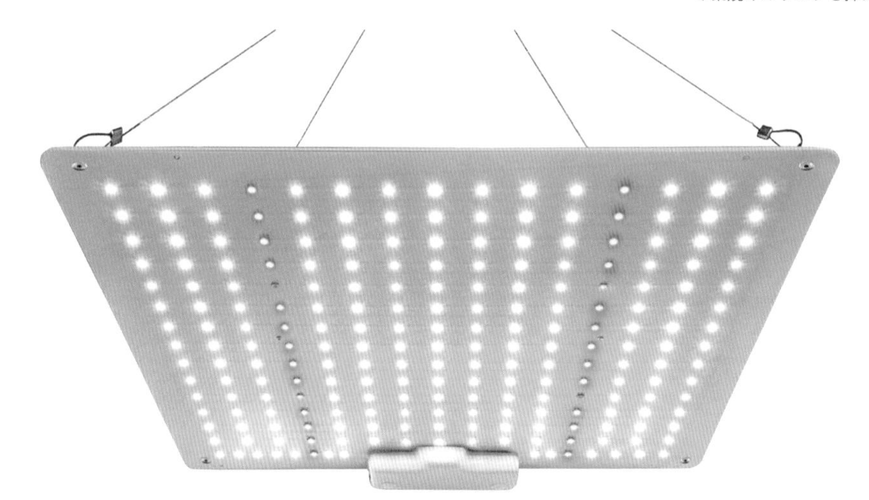

GREENSINDOOR LED植物育成ライト

UVとIRを含む太陽光に近い波長の光を再現し植物の成長を促進。ライトボード自体が優れた熱放散性を備えているためファンが必要なく、静音性も優秀。ボードの四隅を保護するプラスチックカバーが付属。照射距離20cm時の照度は431800ルクス。

BRIM
PANEL A

UV と IR を搭載した 5 種類の LED チップにより太陽光を再現。しっかり保護されたコードとパネルの接続部や絶縁型の外付け LED ドライバー採用などで高い安全性を確保している。照射距離 40cm 時の照度は 12200 ルクス、PPFD は 187 μ mol m-2 s-1。

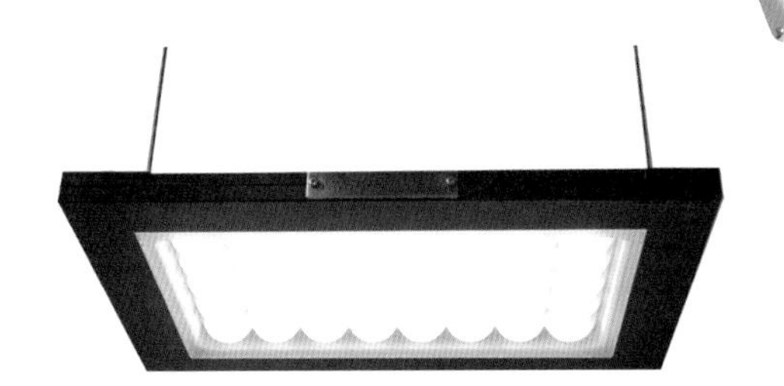

BARREL
ROKI-350 100W

光が肉厚なオリジナルレンズを通り植物に届くため、光阻害や葉焼けのリスクを低減。スタイリッシュな外観でインテリアを損なわない。植物の成長段階に合わせ、光量を無段階に調節可能。照射距離 30cm 時の照度は 29000 ルクス、PPFD は 600 μ mol m-2 s-1。

Kaiju Plant
怪獣フレア301

室内園芸でメジャーな横幅 80 〜 90cm のラックに直接置いてもフィットする設計。UV と IR まで網羅したフルスペクトル仕様で植物の育成をサポート。光量はパネル裏の LED ドライバーのダイヤルで無段階に調節可能。照射距離 40cm 時の PPFD は 550 μ mol m-2 s-1。

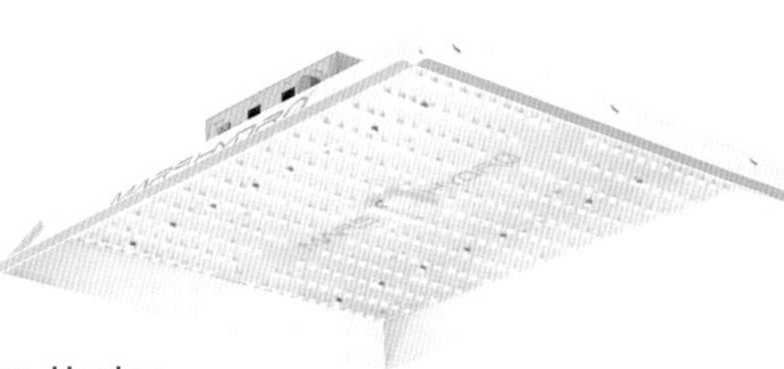

Mars Hydro
TS 1000

反射板の役割をもつアルミニウムフードにより、広い照射範囲をカバーし、光が散るのを防ぎ、植物を効率良く照らすことができる。明るさは無段階に調節可能。ひとつのライトに最大 30 台まで接続と制御が可能。照射距離 40cm 時の PPFD は 841 μ mol m-2 s-1。

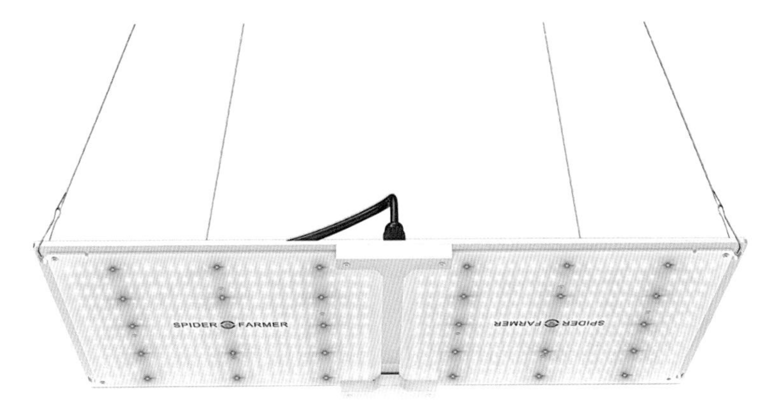

Spider Farmer
SF2000

パネル中央よりも端側にライトを多く配置することで、均一に光が当たる仕組み。植物にとって理想的な波長の光で効率的な成長を促してくれる。ドライバーの優れた放熱性能により、ファンレスで静音性も優秀。照射距離約 40cm 時は PPFD は 959 μ mol m-2 s-1。

LEDライト栽培おすすめアイテム③

LEDライト

スタンド&ダクトレール

スポットライトなどと合わせて使うアイテム。
インテリアにもなる。

HaruDesign ライトリフト スタンド1640

電源コードを支柱内を通し、ライトの位置を上下に動かすことができる吊り下げ式スタンド。植物の大きさや置く位置に合わせた使い方ができ、照射範囲の調節も可能。高さは164cm。ソケットの口金サイズはE26用。ライト別売り。

共同照明 ダクトレール ライティングレール 1.5m 簡易取付型

天井の引っ掛けプラグやローゼットの直接取り付けるタイプのダクトレール。レール上に電流が流れるため、好みの位置にライトを設置できる。天井に取り付けるため、ほかのインテリアや家具を邪魔しないのもポイント。

BARREL YEW-7W

高演色LEDで自然光のように美しく植物を照らすスタンドライト。独特なデザインのシェードがスタイリッシュ。アーム部分を動かして照射位置の変更も可能。高さは49cm。照射距離15cm時の照度は21000ルクス、PPFDは470 μ mol m-2 s-1。

BARREL フレキシブルアーム ライトスタンド

組み立て時に使うポールの数によって、115、150、184cmの三段階に高さを調節できる。ヘッド部分を動かすことで好みの位置を照らすことができる。細めのフレームでインテリアに馴染みやすい。ソケットの口金サイズはE26用。ライト別売り。

BARREL フロアーランプスタンド アコン

ヘッドを上下左右140°以内で動かすことができ、照射位置を好みに変更できる。Y字型の土台でライト直下に植物を置いても干渉しにくい設計。アイアン素材で高級感も感じられる。高さは54cm。ソケットの口金サイズはE26用。ライト別売り。

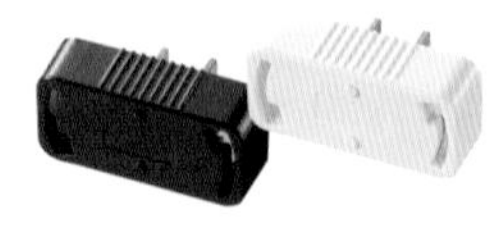

ヤザワコーポレーション ライティングダクトレール 1000m

天井の引っ掛けシーリングかコンセントからか、電源を選べるのが便利なダクトレール。引っ掛けシーリングのない天井やスチールラックや棚などにも設置できる。シンプルなデザインで設置場所を選ばない。コンセントプラグ変換アダプタが付属。

アイリスオーヤマ
メタルラック4段

植物を置く数やサイズに合わせて棚を簡単に増減できるメタルラックは植物栽培の定番。ニッケルメッキ×クロームメッキ加工でサビに強く、掃除もしやすいため霧吹きなどでの水やりがしやすい。カスタムしやすいのも大きなメリット。

Lim iron craft
mini植物棚（ダクトレール付）

60、90cmの無段階に高さ調節可能なダクトレール付きで、アガベや塊根植物の栽培に適したラック。網状の天板で通気性が良く、落下防止柵が付いているので安心して植物が置ける。マットブラックのアイアン素材が植物を引き立てる。ライトは別売り。

Lim iron craft
セミオーダー植物棚
（ダクトレール付）

棚の段数や高さ、ダクトレールの数などが選べるラック。飾る植物の数や室内のスペースに合わせて、自分好みにセミオーダーできるのが嬉しい。デフォルトで付いている上段のダクトレールは高さを55、85cmの無段階に変更可能。ライトは別売り。

ドウシシャ
ルミナスガーデンラック
4段 70W

サビや傷に強い粉体塗装を施したガーデンラック。屋内はもちろん、屋外での使用も可能。植物の成長や日当たりに合わせて棚板の高さを2.5cm間隔で調整可能。細かい凹凸があるマットな質感は重厚感がありインテリアにも馴染みやすい。

LEDライト栽培おすすめアイテム④

栽培用ラック

植物が多くなるとラックは必須。
使い勝手の良さやデザインにこだわりたい。

LEDライト栽培おすすめアイテム⑤

送風機

成長の促進や根腐れリスクの軽減
などのために適度な風が必要。

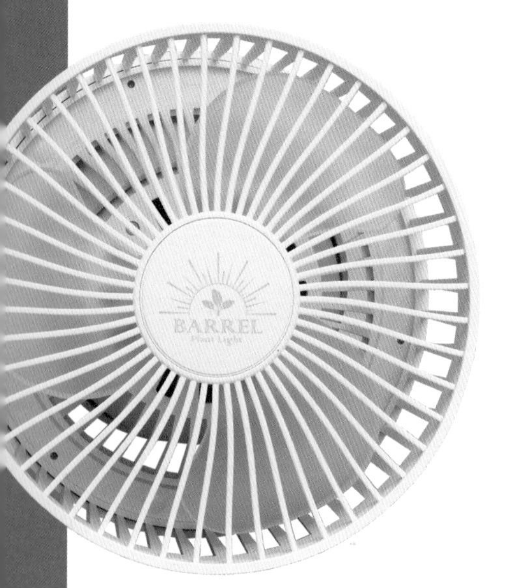

BARREL
首振りファン
Aechmea move

ダクトレールに設置できる送風機。首振り機能付きで広範囲に送風できる。4段階の風量調節と、6と12時間のタイマー機能付きでマットな質感で、ライトと並べて設置しても違和感がなく、スマートな雰囲気。ソケットは別売り。口金はE26用。

ELUTENG
USB 冷却ファン

厚さ約2.5cmの薄型で狭い場所でも設置しやすい送風機。シリコン製の緩衝パッド付きのため、ファンの振動によるノイズを軽減し、滑りにくい設計。電源コードのスイッチにより3段階に風の強さを調節できる。金属のファンガードで作業中のうっかりケガも防げる。

SwitchBot
サーキュレーター

アプリで首振りの角度や風量を細かく設定できるスマート送風機。内蔵バッテリーにより、フル充電すればコードレスで連続12時間使用でき、使用場所を選ばない。指定した時間に電源の入切も可能。アレクサによる音声操作することもできる。

YAMAZEN
DCサーキュレーターZERO
YKAR-SDX15

ファンの向きを左右最大360°、上下最大90°と広範囲で段階的に調節でき、風を当てたい位置にピンポイントで送風できる。前面ガード、羽根、スピンナー、背面ガードが工具不要で簡単に取り外せて水洗いが可能。こまめに手入れができ、いつでも清潔に使える。

KEYNICE USB扇風機

卓上、クリップ、壁掛けと3パターンの使い方ができる送風機。4枚羽による強力な風量ながら、回転音が気にならない静音設計。ファンの向きは左右360°、上下180°に手動での変更が可能で、広い範囲に風を送れる。風力は強弱の2段階設定。

アイリスオーヤマ サーキュレーターアイDC JET

8段階の細かな風量設定に、上下4段階・左右3段階・ランダム3Dと3パターンの首振り設定など空気の撹拌に優れた送風機。工具不要で分解可能で、ホコリが溜まりやすい部分をしっかり掃除できる。28畳対応で離れた植物にもしっかりと風が届く。

LEDライト栽培おすすめアイテム⑥

スマートプラグ

タイマー機能や電源をアプリで遠隔操作して、植物の健康を管理。

Meross スマートプラグ

毎日のタイマー機能はもちろん、スケジュール機能を使えば曜日ごとにより細かな設定にすれば日の出や日の入りと同時にライトのオンオフもできる。アレクサとグーグルホーム対応で、音声による操作も可能。旅行などで長期で自宅を空けるときなども植物をしっかり管理できる。

SwitchBot スマートプラグミニ

タイマー機能やスケジュール機能による電源の管理に加え、電力使用量もアプリからチェックできるため、使いすぎなどを防ぎ、節電にも役立つ。アレクサやグーグルホーム、Siriなど、複数の音声コントロールに対応しているのも魅力。

LEDライト栽培おすすめアイテム⑦

温湿度計

植物に合わせた温度と湿度を保つことが上手な栽培のコツ。

タニタ デジタル温湿度計 TT-559

温湿度に加え、部屋の快適さを「乾燥」「快適」「不快」の3つのイラストで表示してくれるのが視覚的にわかりやすい。過去の最高・最低温湿度も確認できて、不在時の環境もチェックできる。マグネットとフック穴が付いているため、ラックの柱などに設置可能。

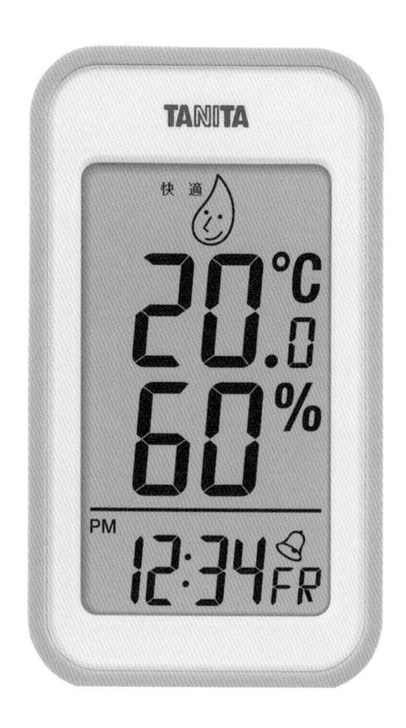

SwitchBot 温湿度計

同社のハブ製品を使いアプリと連携すれば外出先からも温湿度がチェックできる温湿度計。設定した温度や湿度を超えた際にプッシュ通知が届くように設定も可能。スマートプラグと合わせて使用すれば送風機やライトで徹底した温湿度の管理が可能になる。

LEDライト栽培おすすめアイテム⑧

照度計

植物の成長に欠かせない光を最適な強さで当てるために便利。

C-Timvasion 温度計&照度計

現在の照度に加え、最大と最小の測定値をボタンひとつで切り替え表示可能。バックライト付きで暗所での測定でも確認しやすい。照度の測定範囲は0～200000ルクス。温度測定機能も付属し、環境温度を自動測定してくれる。

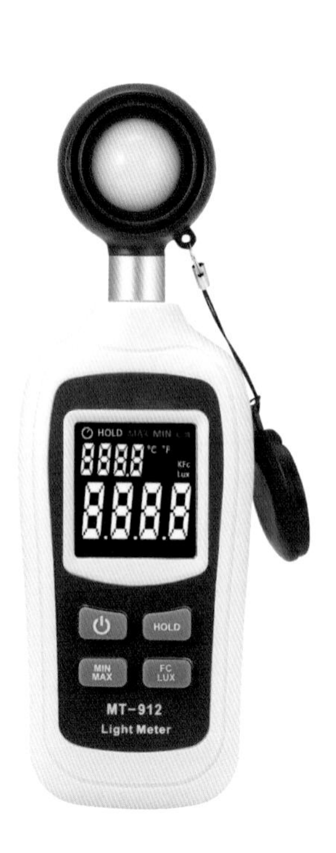

TopTes 照度計 TS-710

大きなバックライトディスプレイで見やすい照度計。現在照度、最大値、最小値を切り替え表示。光センサー部分が180°回転し、光の方向に合わせればより正確な測定ができるのも特徴。照度の測定範囲は0.1～200000ルクス。

LEDライト栽培おすすめアイテム⑨

アクアリウム&パルダリウム用ライト

小型水槽や熱帯植物をより美しく見せるための専用ライト。

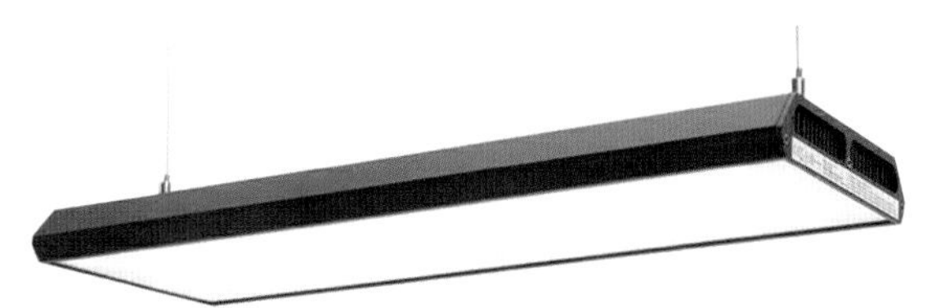

Chihiros Aquatic Studio Chihiros RGB VIVID2

水草の赤や緑をより鮮やかに見せる吊り下げ式LEDライト。専用アプリからLEDのRGB素子（赤・緑・青）の発光強度を調節でき、植物に合わせたアクアリウム空間を作れる。電源のタイマー機能に加え、自然界のように段階的に明るく、暗くする設定も可能。

ADA DOOAパルダライト600

ジャングルプランツの成長を助け、熱帯の独特な雰囲気を演出するよう調光されたRGB LEDを搭載したパルダライト。光量を弱める減光シールが付属し、植物の種類やレイアウトに合わせた光量に調節できる。照射距離10cm時の照度は15000ルクス。

©AQUA DESIGN AMANO

GEX リーフグロー

小型の水槽やガラス容器のアクアリウムにピッタリのLEDライト。水草や植物をはっきりと鮮やかに照らす。長さ35cmのフレキシブルアームで照射角度や位置を自由に変えられる。スタンドとフレームレス水槽用アタッチメントで使い方は2パターン。

LEDライト栽培おすすめアイテム⑩

その他

生活空間の中での栽培を快適にするためのオススメアイテム。

Kaiju Plant 怪獣シェード

植物育成ライトの光を遮り、生活空間でライトによる目の疲れや子どもやペットが直接ライトを見るリスクを減らすことができる。さらに光を植物側に反射することで照度やPPFDを向上させ、ライトの光量や出力を抑えて節電できるメリットも。

Kaiju Plant 怪獣サーマット

寒さから植物を守り、冬場でも植物の育成を助けるヒーターマット。防水設計のためマット上で直接水やりが可能。さらにPVCコーティングで汚れが落ちやすい。温度は0～50℃の間で1℃単位で設定できる。コントローラーに設定温度と現在の温度が表示されるのも便利。

STAFF
デザイン　近藤みどり
イラスト　藤田裕美
編集　風間拓、色川彩美

写真　Adobe Stock

SPECIAL THANKS
Shabomaniac!
TOKY
森敏郎
Yuya Konish
ELBAZ FARM
はな
かたまり
Yotchanman
kazu.o520
yadokari_plants
satopakipo
shoshin_plants
urbanjungle51
とと
5023（ゴーゼロニーサン）
blissful_green2049
kyabetsunosengiri
ryou.roki
ボルオ
りある / Life with Plants & Music
acco_life

LED LIGHT 室内栽培 基本BOOK

2024年7月1日　第1刷発行

編　者　日本文芸社
発行者　竹村響
印刷所　株式会社文化カラー印刷
製本所　大口製本印刷株式会社
発行所　株式会社日本文芸社
〒100-0003　東京都千代田区一ツ橋 1-1-1 パレスサイドビル 8F
編集担当：牧野

Printed in Japan 112240617-112240617 Ⓝ 01（080033）
ISBN978-4-537-22218-0
URL https://www.nihonbungeisha.co.jp/